Manfred J. Foerster

Zur Sozialpsychologie des Rassismus und Antisemitismus

Propheten der Feindbilder

Foerster, Manfred J.: Zur Sozialpsychologie des Rassismus und Antisemitismus.
Propheten der Feindbilder, Hamburg, disserta Verlag, 2016

Buch-ISBN: 978-3-95935-282-6
PDF-eBook-ISBN: 978-3-95935-283-3
Druck/Herstellung: disserta Verlag, Hamburg, 2016

Bibliografische Information der Deutschen Nationalbibliothek:
Die Deutsche Nationalbibliothek verzeichnet diese Publikation in der Deutschen
Nationalbibliografie; detaillierte bibliografische Daten sind im Internet über
http://dnb.d-nb.de abrufbar.

© disserta Verlag, Imprint der Diplomica Verlag GmbH
Hermannstal 119k, 22119 Hamburg
http://www.disserta-verlag.de, Hamburg 2016
Printed in Germany

Inhaltsverzeichnis

Zur Sozialpsychologie des Rassismus und Antisemitismus - Psychoanalyse der Feindbilder

Vorwort

Angesichts eines zunehmenden Rechtradikalismus, der sich vor allem in feindseligen Handlungen gegen Menschen austobt, die vor Krieg, Terror und Verfolgung zu uns gekommen sind, erscheint es geboten, sich mit den traditionellen Ursachen und psychischen Erscheinungsformen des Rassismus und Antisemitismus aus psychoanalytischer Sicht zu befassen.

Was jedoch an den jüngsten Entwicklungen auffällt, ist, daß die schon immer vorhandene latente Fremdenfeindlichkeit immer unverhohlener und offener zutage tritt. Fremdenfeindlichkeit ist nicht mehr nur ein schon immer beliebtes Stammtischthema, sondern droht, sich als manifester Bestandteil unserer sozialen und politischen Kultur in der Mitte der Gesellschaft zu etablieren.

Vor Rassismus und Antisemitismus machte auch der Schweizer Seelenforscher und Tiefenpsychologe Carl Gustav Jung nicht halt. In seiner Auseinandersetzung mit Sigmund Freud, als dessen Kronprinz er lange Zeit galt, bemühte Jung die germanische Seele als Ausdruck des Archetyp Wotan, den er zwangsläufig als notwendige Befreiung aus der angeblichen jahrtausendlangen „jüdischen" Bevormundung und Unterdrückung der germanischen Kultur sah. Folgerichtig interpretierte Jung den Nationalsozialismus als kulturhistorische Notwendigkeit der Emanzipation des germanischen Seelenlebens von der „jüdischen Zersetzung". So versuchte er im Angesicht des Nationalsozialismus und dessen dumpfen Sozialdarwinismus als unausweichlichen rassischen Emanzipationsprozeß des germanischen Menschen und dessen Kultur zu rechtfertigen.

Die Taten rechtsradikaler krimineller Gruppierungen und deren ideologischen Mitläufer sind daher in einer Analyse über Rassismus und Antisemitismus von dem rassistischen Ideengebräu des 19. und 20. Jahrhunderts bis in die Gegenwart nicht voneinander zu trennen. Derartige Ideologien und pseudowissenschaftlichen Begründungen, wie C. G. Jung den damaligen Machthabern zulieferte, bilden stets den Resonanzboden auf denen jene Taten heutiger Tage letztlich entstehen und ihre fragwürdigen Rechtfertigungen beziehen.

Von Hannah Arendt stammt der Satz: „ Vor dem Antisemitismus ist man nur noch auf dem Monde sicher". Diesen hatte sie während ihrer Emigration in den Vereinigten Staaten als Buchtitel formuliert. Leider hat er an Aktualität nichts verloren.

Rassismus und Antisemitismus, die häßlichen Widerbilder der Aufklärung

Zur gesellschaftlichen Funktion des Vorurteils. Gobineaus Kampf der Kulturen. Gobineaus Essay über die Ungleichheit der Rassen. Rassenlehre als universalistische Deutungsgeschichte. Biologismus und Psychopathologie der Rassenlehre.

Der obige Text ist, was seine darin enthaltenen Feindbilder betrifft, beliebig austauschbar. Eben so könnten anstelle der Serben und Russen, Juden, Japaner, Franzosen oder Engländer stehen. Auch sind die Zahl und die Objekte als „Sündenböcke" denen man die ganze Misere des eigenen, trostlosen Daseins aufbürden möchte unendlich und man braucht sie im Grunde genommen auch gar nicht wirklich zu kennen. Es genügt, wenn geschickte Ideologen und skrupellose Demagogen sie als reale Wesen darstellen um sie als „Krankheitsherd" am „gesunden" Volkskörper zu verfolgen und im Extremfall zu vernichten, was entsprechend der Ideologie als moralische Pflicht bezeichnet wird. Fern ihrer sozialen Wirklichkeit werden die Objekte der Feindbilder mit allen Attributen von Häßlichkeit und Verderbnis im Sinne moralischer und kultureller Verkommenheit ausgemalt. Für die Masse erscheint derartiges Feindbild besonders abstoßend, wenn ihm zudem sexuelle Abartigkeit und Lüsternheit unterstellt wird und es somit zur besonderen Gefahr für die „Reinheit" der eigenen Rasse erklärt wird. Hierdurch wird gleichzeitig die eigene „völkisch-rassische Zunft" hervorgehoben und deren Herrschaftsanspruch betont, damit sich auch der erbärmlichste Knecht und Untertan noch über jeden Juden und Angehörigen der verfemten Rasse oder Kultur überlegen und als „Edelmensch" fühlen darf. Projektionen von Feindbildern müssen sich aber nicht zwingend auf äußere Feinde beziehen. Randgruppen und Minderheiten innerhalb der eigenen Gesellschaft lassen sich eben so zu Feindbildern mißbrauchen und für politische Zwecke instrumentalisieren. In Zeiten wirtschaftlicher oder politischer Krisensituationen verdichten sich die schon vorhandenen latenten Vorurteile und Stereotypen zu geschlossenen Systemen im Sinne politischer Programme oder Ideologien, die hohe integrative Kraft besitzen und, indem sie als Massenphänomene auftreten, nicht mehr reflektiert werden. Sie überwältigen die kritische Vernunft des Einzelnen und stellen eine Art pathologischer Solidarität des Einzelnen mit der Masse dar. Hierdurch lenken sie von den tatsächlichen gesellschaftlichen

Problemen ab und suggerieren eine soziale und politische Geschlossenheit, in ideologischer Hinsicht eine Art „klassenloser Gesellschaft", die so natürlich nicht existiert. Durch die Ideologie von Feindbildern und Projektionen wird die Fata Morgana einer „klassenlosen Gesellschaft" vorgespiegelt, die angesichts des äußeren oder inneren „Feindes" wie mit einer Stimme zu sprechen scheint. Der äußere Feind wird als besonders destruktiv für die eigene Gesellschaft hingestellt, obgleich sein tatsächlicher Einfluß nur sehr gering ist oder überhaupt nicht besteht. Im Falle des sogenannten inneren Feindes ist sein Einfluß alleine schon deswegen gering, da er zumeist eine verschwindend kleine Minderheit gemessen an der Gesamtbevölkerung bildet. Im Falle des Antisemitismus erfand man das Argument einer „jüdisch-bolschewistischen Weltverschwörung" Innere Feinde, die der Gesellschaft als Randgruppen angehören, werden als „Volksschädlinge" aus dem gesellschaftspolitischen Diskurs ausgeschlossen und für den Fortbestand zersetzend und unwert angesehen. Projektive Stereotypen überdecken somit die sozialen Ungleichheiten, die eine Gesellschaft naturgemäß vor Zerreißproben stellen. Durch diese Art kollektiver Projektion und zugleich kollektiver Verdrängung dienen Feindbilder und Stereotypen der Befriedung unübersehbarer gesellschaftlicher Konfliktfelder, die unter normalen Umständen das gesellschaftliche Klima belasten würden. Mögliches Protestpotential wird hierdurch von den eigentlichen Ursachen absorbiert. Dasjenige, welches unter nüchterner Betrachtung das soziale und politische Klima belastet und den inneren Frieden gefährdet, wird den Objekten der Feindbilder angelastet. Wenngleich die Wirkung von Stereotypen nur von vorübergehender Dauer ist, so können sie in bestimmten politischen Situationen ihren Zweck erfüllen.

Die Feindbilder als Verdrängungsmechanismen eigener Inferiorität wirken um so nachhaltiger und lenken um so stärker von den eigenen Katastrophen ab, je tiefer die Projektionsfiguren angesiedelt und ihnen menschliche Züge abgesprochen werden. Vor allem müssen sie als Feinde der eigenen Kultur und des „Sozialfriedens" diffamiert werden. Einem Sozialfrieden freilich, der in Wirklichkeit aber durch diejenigen wirtschaftlichen und politischen Umstände bereits aufs Schwerste gefährdet ist von denen diese Projektionen ablenken sollen. Das nationalsozialistische Schlagwort vom Juden „als unser Unglück" ließe sich daher unter anderen Vorzeichen auf jede andere Gruppe und zu jeder Zeit anwenden. Mitunter so scheint es, gehören Feindbilder zum unverzichtbaren Bestandteil praktischer Politik und werden als Identifikationsfläche für die unkritische Masse in Anspruch genommen, wenn die politischen Eigeninteressen es gebieten. Und zumeist sind es immer frappierende Ähnlichkeiten, eigene, verdrängte oder nicht wahrgenommene Dunkelseiten oder nicht erreichbare Qualifikationen, die auf der „Leinwand" der Projektionen zu einem bedrohlichen Bild konstruiert werden. Betrachtet man unter diesem Gesichtspunkt das Verhältnis zwischen Deutschen und Juden etwas genauer, so fallen gewisse Ähnlichkeiten beider Gruppierungen zueinander auf, die vermuten lassen, daß die jüdischen Mitbürger, vielleicht unbewußt, ihren nichtjüdischen stets deren dunkle Seiten vorgehalten haben. In Edgar Allen Poes Erzählung *William Wilson* findet sich eine literarische Parabel zu diesem seltsamen Doppelverhältnis beider Völker. Der Protagonist dieser Erzählung hat einen Jugendgefährten, der nicht nur den gleichen Namen trägt wie er selber, sondern ihm auch in Alter, Gestalt und Gesichtszügen ähnelt, so daß sie Brüder hätten sein können. Die Gefühle, welche er seinem Doppelgänger gegenüber aufbringt, sind sehr gemischt. Einerseits eine „gereizte Feinseligkeit, die noch nicht Haß war", andererseits „eine gewisse Achtung, mehr Respekt, viel Angst und eine sehr große unbehagliche Neugier". Je stärker ihm die körperliche und moralische Ähnlichkeit mit seinem Gefährten auffiel, um so stärker stellte sich ein Gefühl tiefer Beunruhigung ein, das schließlich in Haß umschlug, so daß er den Rivalen tötete. [1]

Die moralische und soziale Ähnlichkeit zwischen Juden und Deutschen begründete unter anderem die tragische historische Verknüpfung, die beide Kulturformen zu einer vorübergehenden symbiotischen Verbindung verschmelzen ließ. Deutsche Juden identifizierten sich mit der deutschen Sprache und Gesellschaft in einer Weise, welche die mentalen und religiösen Unterschiede auf den ersten Blick nicht mehr erkennen ließen. Und dennoch prägten auf Seiten der „deutschen Arier" die traditionellen Stereotype des Antijudaismus und des Antisemitismus deren Einstellung zu den jüdischen Mitbürgern, obgleich die „Familienähnlichkeit" beider Völker auffallende Übereinstimmungen zeigte. Fleiß, Sparsamkeit, Sinn für Wirtschaftlichkeit, starkes religiöses Empfinden, die Wertschätzung der Familie und die Achtung und Liebe zum gedruckten Wort, der Literatur und den bildenden Künsten lassen sich im deutschen Bildungsbürgertum als auch in jüdischen Familien nachweisen. Im 19. Jahrhundert und in den ersten 30 Jahren des zwanzigsten Jahrhunderts trugen diese Übereinstimmungen zum Erscheinungsbild Deutschlands als überragende Kulturnation bei. Das jüdische Bürgertum verstand sich in seinen kulturellen, wissenschaftlichen und politischen Leistungen indes nicht als typisch jüdisch, wie dies von ihren stets Gegnern behauptet wurde, sondern sie sahen sich in erster Linie als deutsche Staatsbürger. Und nicht wenige unter ihnen zogen mit der gleichen patriotischer Begeisterung in den Ersten Weltkrieg, wie die übrigen wehrpflichtigen Männer. Auch in ihren negativen Zügen zeigte sich die „Familienähnlichkeit". Der amerikanische Historiker Gordon A. Craig hat auf „jene fieberhafte Geschäftstüchtigkeit, die beide in aller Welt so unbeliebt gemacht hat" hingewiesen. Auch der gemeinsame Glauben „an das Absolute, die Besessenheit, jede gute Sache so weit zu treiben, bis eine böse daraus geworden ist" und „jene unnachahmliche Verbindung von Taktlosigkeit und Empfindlichkeit, von Anmaßung und Unterwürfigkeit, von Auserwähltheitsdünkel und Selbstverachtung" spricht er dem Sozialcharakter beider Völker zu.[2] Freilich besteht der entscheidende Unterschied zwischen Juden und nichtjüdischen Deutschen darin, daß im Zuge des nationalistisch gefärbten Antisemitismus im 19. Jahrhundert alle diese gemeinsamen negativen Eigenschaften verdrängt und einzig auf das Feindbild eines raffgierigen Juden projiziert wurden und man sich selber, obgleich dieselben Eigenschaften besitzend, als Opfer dieser „ewigen jüdischen Weltverschwörung" sah.[3] Wenn in der nationalsozialistischen Propaganda die Rede vom „Internationalen Judentum" war, so bezeichnete man hiermit dasjenige, „was hinter dem Asphaltdschungel der wuchernden Metropolen, hinter der vulgären, materialistischen, modernen Kultur und, generell, hinter allen Kräften, die zum Niedergang althergebrachter sozialer Zusammenhänge, Werte und Institutionen führen, steht." [4] In den Denkbildern des modernen Antisemitismus stellen die Juden demnach eine fremde und destruktive Macht dar, welche die „soziale Gesundheit" der Nation gefährdet. Hierin liegt aber eines der großen Widersprüche des ideologischen Antisemitismus, der gerade alle jene Aspekte als typisch jüdisch und somit destruktiv und gefährlich bezeichnet, die wesentliche Bestandteile der Moderne sind und die gelegentlich auch ohne antisemitischen Tendenzen zu folgen, kulturkritisch betrachtet worden sind. Mit anderen Worten, die Teil unserer gesellschaftlichen Wirklichkeit sind und eben so zu unserer Kultur gehören, wie diejenigen, denen wir, indem wir antisemitische Vorurteile bemühen, nachtrauern. Im Antisemitismus der aufbrechenden Moderne spiegeln sich alle Widersprüchlichkeiten wider, welche die Moderne auszeichnete und sie in diesen antagonistischen ideologischen und sozialen Spannungen versetzte. Einerseits wurde die Macht des Kapitals mit dem Juden als „Weltfeind" gleichgesetzt, andererseits unterstellte man ihm die jüdisch- bolschewistische Verschwörung gegen alles Bürgerliche und Traditionelle. Der moderne Antisemitismus trat als weitverbreitete Ideologie und Denkform, die vorgab den Zusammenhang von Evolution und Gesellschaftlicher Entwicklung zu erklären, in Europa im 19. Jahrhundert auf, eng verknüpft mit aggressiven nationalistischen Ideen. An anderer Stelle haben wir ausführlich darauf hingewiesen, daß der Nationalismus unter anderem eine Reaktion des Bürgertums auf die gescheiterten Bemühungen liberaler Kräfte war, demokratische und sozial verträgliche Verhältnisse herzustellen.[5] Statt sich mit den Folgen einer selbstverschuldeten Entfremdung, wie Herbert Marcuse in seiner Gesellschaftskritik [6] angemerkt hat, sowie den Schattenseiten der Moderne, ihren kapitalistischen Wertmustern und ihrem Unverhältnis von technischem Fortschritt und sozialer Emanzipation kritisch auseinanderzusetzen, wurden die Dunkelseiten auf den jüdischen Bruder und Widergänger projiziert. Der moderne Antisemitismus hegt eine diffuse Vorstellung von obskurer jüdischer Macht, „...die Beulenpest loszulassen oder, in jüngerer Zeit, Kapitalismus und Sozialismus herbeizuführen". Ihm haftet ein manichäisches Denken an, in dem den Juden die Rolle von „Kindern der Finsternis" zugewiesen bekommen.[7] Jude sein, bedeutet im Verständnis des modernen Antisemitismus, an einer unfaßbaren, konspirativen und machtvollen internationalen Verschwörung beteiligt zu sein.

Wir können psychologisch betrachtet daher davon ausgehen, daß alle im Feindbild des Juden enthaltenen Stereotypen in erster Linie auf diejenigen zutreffen, die solche Feindbilder herstellen. In der Epoche jener Ungleichzeitigkeiten, wo der rasante technische Fortschritt keine Entsprechung in den gesellschaftspolitischen Strukturen fand, die nach wie vor von einer absolutistischen Ständegesellschaft geprägt waren, löste die Moderne mit ihren Widersprüchen und sozialen Ungleichheiten tiefgreifende Zukunfts- und Gegenwartsängste im Bürgertum aus. Große Teile der Arbeiterschaft schlossen sich sozialistischen und gewerkschaftlichen Ideen an und sorgten für eine zusätzliche Verunsicherung des Bürgertums und des Besitzstandes. Während das deutsche Bürgertum die Moderne als Bedrohung empfand, verstanden sich, von den reichen Juden abgesehen, die eher konservativ dachten, der überwiegende Teil des jüdischen Bürgertums, jüdische Wissenschaftler und Künstler, Literaten und Journalisten als Avantgarde einer neuen Zeit, die sich dem Liberalismus und der Demokratie verpflichtet sah. Statt nationalistisch zu denken, verstand sich die jüdisch-bürgerliche Avantgarde weltoffen und pluralistisch im Sinne einer kulturellen und wissenschaftlichen Vielfalt und Offenheit. In kaum einer anderen vergleichbaren Bevölkerungsgruppe wurden die Gedanken der Aufklärung und des deutschen Idealismus so begeistert aufgenommen wie im jüdischen Bürgertum, wenngleich auch die nichtjüdische Gesellschaft hierin eine Assimilation an ihre religiösen und kulturellen Standards verstanden wissen wollte und dies als Beweis für die jüdische Anpassungsfähigkeit verstand. Der Gedanke der Emanzipation bezog sich in den Augen der nichtjüdischen Gesellschaft auf den Übertritt der Juden zum Christentum. Erst dann galten sie als vollwertige und gleichrangige Mitbürger. Daher wurde von der jüdischen Bevölkerung erwartet, daß sie zum Christentum übertreten sollte und somit zu einer vollständigen Verschmelzung in die nichtjüdische Gesellschaft unter Preisgabe des jüdischen Selbstbewußtseins. Das jüdische Selbstbewußtsein, die Affinität zum gesprochenen und geschriebenen Wort, deren Neigung zu den liberalen und universalistischen Ideenwelten der Aufklärung und ihren avantgardistischen Tendenzen, blieb trotz aller Assimilationsbestrebungen und den Forderungen nach Konvertierung für einen großen Teil des jüdischen Bildungsbürgertums weitgehend unberührt. Daß unter den Juden, die eine Bevölkerungsminderheit darstellten, eine unverhältnismäßig große Anzahl von bedeutenden Wissenschaftlern, Nobelpreisträgern, Literaten und Künstlern zu finden waren, ist nicht zuletzt darauf zurückzuführen, daß sie ihre jüdische Identität, ihr Selbstbewußtsein als aufgeklärte und bildungsbeflissene Bürger des 19. und 20. Jahrhunderts bewahrt haben. Sie taten dies, entweder als religiös gebundene Juden oder als sogenannte Kulturjuden. Kulturjuden blieben sie auch dann noch, wenn sie unter dem gesellschaftlichen und politischen Druck zum Christentum konvertierten, wie etwa Heinrich Heine oder Gustav Mahler. Und sie konnten auch infolge des Naziterrors nicht durch arische Wissenschaftler, Künstler und Intellektuelle in der Weise spurenlos ersetzt werden, wie Goebbels dies großspurig in einer Rede vor hochrangigen Nazifunktionären und den Redakteuren des deutschen Reichssenders glauben machen wollte. In einer Rückschau hat der Historiker Fritz Stern festgestellt, daß das 19. Jahrhundert ein deutsches Jahrhundert der Wissenschaft, der Kunst und des Geisteslebens hätte werden können, wenn es nicht den millionenfachen Mord an den deutschen und europäischen Juden gegeben hätte, der unter anderem auch eine Folge eines systematischen Antisemitismus über Generationen deutscher Gesellschaftskultur war. Sterns Einschätzung war in keiner Weise eine jüdische Selbstüberschätzung, sondern entsprach der gesellschaftlichen Wirklichkeit in den ersten 30 Jahren des 20. Jahrhunderts. Niemals mehr hat es so viele jüdische deutsche Nobelpreisträger gegeben, wie vor dem Dritten Reich. Das deutsche Kulturleben und vor allem die darstellenden Künste in Theater, Kabarett, Film und Oper „lebte" in seinem außerordentlich hohen Niveau von seinen jüdischen Protagonisten.[8] Jüdische Künstler und Intellektuelle dominierten das Geistes- und Kulturleben in Berlin und in Wien. Nach dem Anschluß Österreichs an das Deutsche Reich 1938 versank die Wiener Kulturszene, die bis dahin Weltruhm genoß, in Bedeutungslosigkeit, von der sie sich bis zum heutigen Tage nicht mehr erholt hat.

Historisch betrachtet dürfte die Antwort auf die Probleme des deutschen Antisemitismus in der verspäteten Entwicklung Deutschlands zu einem Nationalstaat zu suchen sein, insbesondere im Scheitern der Aufklärung und die außerordentlich große Mühe, die Deutschland hatte, um sich an die schnelle Industrialisierung anzupassen und einen demokratischen und sozialen Wandel herbeizuführen, der letztlich eine Emanzipation des Bürgertums und der Arbeiterklassen bewirkt hätte. Wenngleich die verspätete nationalstaatliche Entwicklung eher ein strukturelles Problem praktischer Politik und Gesellschaftsideologie darstellt, das nicht ohne weiteres auf die Mentalitäten der Bürger durchschlägt, so haben sich fehlende Emanzipation und soziale Ungerechtigkeiten in fataler Weise auf die Radikalisierung rassistischer und antisemitischer Tendenzen, die latent vorhanden waren, auf die Psyche der Individuen in Richtung einer Kollektivpathologie ausgewirkt. Sigmund Freud verdanken wir die Einsicht über jenen psychischen Prozeß, der zur Vereinheitlichung einer Gruppe führt, die sich in der Identifikation und Verschmelzung von übergeordneten Ideen manifestiert und beim Einzelnen Handlungsimpulse auslöst, welche dem pathologischen Gruppen-Über-Ich entsprechen. Des weiteren hat uns Freud aufgezeigt, daß das individuelle Ich der Gruppenmitglieder zu einem kollektiven Ich zusammenführt, welches sich an das Ich Ideal bindet, welches der Führer einer Gruppe vorgibt zu sein. Der Führer als äußere „Elterninstanz" ersetzt dabei die Funktion des individuellen Über-Ichs, was gleichbedeutend ist, das eigene Gewissen auszuschalten, da der Führer die übergeordnete „Moral" verkörpert. Entwicklungspsychologisch betrachtet finden derartige Identifikationsvorgänge auf einer kindlichen regressiven Entwicklungsstufe statt und stehen einer erwachsenen reiferen Persönlichkeitsstruktur entgegen. Die Projektion auf ein rassistisches oder antisemitisches Feindbild verstärkt daher sowohl die Bindung als auch die psychische und moralische Abhängigkeit an die Ideologie des Führers. Der Führer vermag in seiner Eigenschaft als kollektives Über-Ich die Masse zu einem einzigen Gruppen-Ich zusammenzuschweißen. Je nach seinem Willen werden emotionale Triebabfuhren entfesselt oder auch gebremst. Den aufgestauten Aggressionen bietet er ein äußeres Feindbild und versichert sich hierdurch der Treue seiner Anhänger. Kultur- und individualpsychologisch betrachtet ist der Antisemitismus daher ein Rückfall auf jenes phylogenetische, wie ontogenetische Entwicklungsstadium des Ichs, in dem der Haß die Beziehung zu anderen Kulturen und Völkern und zur Umwelt regelt. Da eine geschickte nationalsozialistische Propaganda diese Regressionen zu einem bevölkerungspolitischen und nationalen Überlebenskampf hochstilisierte und tiefsitzende unverarbeitete archaische Urängste schürte, konnten ganz „normal" erscheinende Individuen in die Vernichtungsprogramme des Nationalsozialismus eingebunden und zu Tätern und Handlangern werden.[9] Die nationalsozialistische Propaganda verfehlte ihre Wirkung auch bei denjenigen nicht, die nicht unmittelbar am Völkermord beteiligt waren. In den Feldpostbriefen deutscher Soldaten spiegeln sich von Kriegsbeginn an alle denkbaren judenfeindlichen Stereotypen wider. Hierbei fällt auf, daß die antijüdischen Äußerungen fast deckungsgleich mit dem jeweiligen Stand der nationalsozialistischen Judenpolitik sind. So reicht die Palette antijüdischer Äußerungen vom Ruf nach der Vertreibung der Juden aus Europa, bis hin zur dezidierten Forderung nach der Endlösung. [10]

Psychopathologie und Rasseideal - Narzißtisches Selbstbild und Ausgrenzung

Durch das hohe Maß einer Massenidentifikation mit dem Feindbild wird aus dem entmündigten Sklaven und Untertan ein probater „Herrenmensch", der aufbricht, sich die Welt zu unterwerfen. Der klassische „Untertan", wie ihm beispielweise Heinrich Mann in seinem gleichnamigen Roman ein entlarvendes Denkmal gesetzt hat, wird getreten und fühlt sich dennoch als „Herrenmensch", indem er behende nach unten tritt, auf alles, was seiner Meinung nach, gesellschaftlich niedriger angesiedelt erscheint, als er selber. Heinrich Manns Figur des Diederich Heßling in seinem Roman „ Der Untertan" symbolisiert jenen Sozialisationstypus, der für jede Art der Rassendiskriminierung und ideologischen Manipulation zugänglich ist. Jene autoritäre Persönlichkeitsstruktur, die sich beliebig verwenden läßt, wenn nur der Befehl von oben kommt. Sie ist das ideale Objekt totaler Herrschaft. Gleichsam in seiner Verstrickung von erduldendem Masochismus, den er durch Sadismus gegenüber Schwächere abreagiert, entspricht der „Untertan" psychologisch dem Bild einer sadomasochistischen Persönlichkeit, die leicht durch Autoritäten für jegliche Zwecke zu manipulieren ist. Ihm gelingt es leicht, moralische Bedenken von seiner „Rollenpersönlichkeit" abzuspalten und nur dem Befehl zu gehorchen. Hierbei ist von entscheidender Bedeutung, daß das Opfer verdinglicht wird, ihm also jede Menschlichkeit abgesprochen und er seiner Individualität beraubt wird. Erst die Verdinglichung schafft jene Rollendistanz zwischen Täter und Opfer, die es dem Täter ermöglicht, mitmenschliche Gefühle und allgemeingültige und menschheitsverbindende Moralvorstellungen von der Handlung zu trennen. Die Strategen und Organisatoren des nationalsozialistischen Völkermordes folgten ausschließlich einer sogenannten Hypermoral, die über jede universalistische Moral stand und ihre zweckorientierten Handlungen legitimierte, selbst wenn diese noch so verwerflich waren. Alles andere, bis hin zur totalen Vernichtung, erschien unter den gegebenen Umständen als vollständig normal, als eine Art von notwendiger Arbeit, die getan werden mußte. Das Töten der Opfer, emotionslos und systematisch, wurde als selbstverständliche Pflicht angesehen.

Psychologisch betrachtet sind derartige Einstellungen und Handlungsmuster auf der primitivsten Stufe des Evolutionsprozesses anzusiedeln, wo anstelle von Konventionen und Verträgen, der Haß und die totale Vernichtung des Anderen die mitmenschlichen Beziehungen regelten; wo Empathie und Vertrauen unterentwickelt waren und statt dessen Strategien des blanken Überlebens die normativen Standards ausbildeten. Auf den psychologischen Umstand, daß der Täter, indem er zum „Rädchen im Getriebe" einer Mordmaschinerie regrediert und somit, wie seine Opfer, selber der Verdinglichung anheim fällt, hat Theodor W. Adorno in seinem Aufsatz Erziehung nach Auschwitz hingewiesen.[11] Denn was ja in erschreckender Weise auffällt, ist die Emotionslosigkeit, mit die Täter den Völkermord betrieben und den verhältnismäßig geringen Anteil an Haß, der ihre Taten begleitete. Demgegenüber steht die Selbstverständlichkeit einer krankhaften Ideologie, welche den Stellenwert eines pathologischen Über-Ichs im Denken und Handeln der Täter einnimmt. Und hierin liegt eines der wesentlichen Anzeichen für die Annahme einer kollektiven Psychopathologie, die in ihrer Bedeutung als moralischer Maßstab, ansatzweise eine partielle individuelle Psychopathologie beim einzelnen hervorruft. Mit anderen Worten, die Täter waren keine Psychopathen im spezifischen klinischen Sinnverständnis, allenfalls waren sie ethisch und moralisch verkommen, jedoch in ihrer Rollenzuweisung haben sie durchaus situativ und partiell als Psychopathen gehandelt.[12] Dasjenige, was hinter den Morden in Auschwitz und anderswo psychologisch stand, lediglich als bloße Befriedigung perverser Gelüste der Täter zu sehen, was schlimm genug gewesen wäre, hieße, die systematische Rationalität der Mordmaschinerie zu verkennen. Es ist daher ein weitverbreiteter Irrtum anzunehmen, daß die Lager von Sadisten und psychisch gestörten SS-Männern und Frauen beherrscht gewesen wären, die ihre sexuellen und perversen Gelüste befriedigt hätten. Die Kulturindustrie hat dieses Mißverständnis spätestens mit dem Film *Holocaust* aufgenommen und damit den millionenfachen Völkermord verkitscht. Wobei der Titel, oder genauer gesagt der Begriff „Holocaust" im Film wie eben so im wissenschaftstheoretischen Diskurs suggeriert, daß die Juden selber zu ihrem Opfergang beigetragen hätten, worauf die hebräische Bedeutung des Begriffes hinweist und damit die Verantwortung der Täter somit einer gewissen Relativierung unterzogen wird. Die nationalsozialistische Vernichtungsmaschinerie gab selbstverständlich auch Sadisten die Möglichkeit, ihre perversen Neigungen auszuleben, ohne dafür jemals belangt zu werden. In gewisser Weise war dies auch beabsichtigt. Und so gab es genügend solcher Kreaturen, die hierin eine persönliche Befriedigung erlebten. Das KZ System basierte jedoch in Hauptsache auf die absolute Gleichgültigkeit und emotionale Abwesenheit des Tötens. Nur hierdurch wurde die fabrikmäßig betriebene Vernichtung des europäischen Judentums möglich, die sich in dieser Hinsicht von den üblichen Pogromen historischer Judenverfolgungen in Europa unterschied. Die Tötungstechnik in den Vernichtungslagern führte dazu, den Mord so effizient und zugleich emotionslos durchzuführen. Nachdem die nervliche Belastung anläßlich der Massenerschießungen, die ab dem Herbst 1939 in Polen und im Zuge des Rußlandfeldzuges ab 1941 durchgeführt wurden, für die Mörder unerträglich geworden war, sann man auf „distanzierte" Mordmethoden. Die Techniker des Reichssicherheitshauptamtes erfanden daraufhin die Gastransportwagen, die zuerst im November 1941 bei der Ermordung von Juden in der Sowjetunion erprobt wurden. Ab Sommer 1942 waren dann die als Duschbäder getarnten Gaskammern in voller Funktion. Ein unmittelbarer Kontakt mit den Opfern und den angewandten Tötungstechniken entfiel völlig. Dem ganzen kruden Geschehen war die Absicht unterstellt, die Tötungsvorgänge in einem industriellen Ablauf durchzuführen, unter Zuhilfenahme der technischen Möglichkeiten, über die man verfügte. Eine umfassende Logistik wurde aufgeboten um die Vernichtungskapazitäten zu erfüllen. Der Ausbau der Gaskammern, die Organisation der Eisenbahntransporte in die Vernichtungslager des Ostens und die bürokratische Effizienz griffen in einem beispiellosen Prozeß ineinander. Selbst angesichts der zusammenbrechenden Front im Osten mußten dagegen militärische Interessen hintenanstehen. Die Täter durften sich indes als Handwerker betrachten, „die eine im nationalen Interesse lebenswichtigen Auftrag" [13] zu erfüllen hatten. In alledem trat die absurde, jedoch tödliche Irrationalität des deutschen Antisemitismus im 20. Jahrhundert zutage.

Theodor W. Adorno hat in seinem Aphorismus *Unmaß für Unmaß* auf diese historisch einmalige Besonderheit des deutschen Antisemitismus hingewiesen: „Was die Deutschen begangen haben, entzieht sich dem Verständnis, zumal dem psychologischen, wie denn in der Tat die Greuel mehr als planvoll-blinde und entfremdete Schreckmaßnahmen verübt zu sein scheinen denn als spontane Befriedigungen. Nach Berichten von Zeugen ward lustlos gefoltert, lustlos gemordet und darum vielleicht gerade so über alles Maß hinaus. Dennoch sieht das Bewußtsein, das dem Unsagbaren standhalten möchte, immer wieder auf den Versuch zu begreifen, sich zurückgeworfen, wenn es nicht subjektiv dem Wahnsinn verfallen will, der objektiv herrscht." [14] Jedenfalls ist dem kollektiven Wahn mit individualpsychologischen Erklärungen nicht zur Genüge beizukommen. Denn auf den einzelnen Täter bezogen, zeigt sich, daß die Täter monströser Taten wenig Monströses in ihrer Persönlichkeit besaßen. In gewisser Hinsicht und vor allem im Alltagsleben, unterschieden sie sich nicht von denjenigen Menschen, die das historische „Glück" besaßen, keine Täter zu werden. Sie kamen aus der sogenannten Mitte der Gesellschaft und kehrten in diese zurück, wenn sie nicht während des

Krieges starben oder im Zuge der Kriegsverbrecherprozesse hingerichtet wurden. „Psychologie reicht ans Grauen nicht heran", heißt es bei Adorno in seinen Minima Moralia.

Adornos Betrachtungen führen an die Grenzen historisch-wissenschaftlicher Erklärungen über Auschwitz als Synonym des Völkermordes, wie sie gleichfalls auf die Grenzen psychopathologischer Deutungen im konkreten Einzelfall der jeweiligen Täterindividuen verweisen. Auschwitz entzieht sich jeder wissenschaftlichen Hypothesenbildung, welche das krude Geschehen nur relativieren würde. Trotzdem ist es notwendig, aber bei weitem nicht hinreichend, die subjektiven und objektiven Bedingungen zu kennen, die zu Auschwitz geführt haben.[15] Diese zu enttabuisieren und dem Vergessen anheim zu stellen, wäre eine Verdinglichung der Geschehnisse unter dem Deckmantel ihrer Historisierung. So wie man die Opfer verdinglichte und ihre Individualität dem Vergessen ausgeliefert wurde, da man sie in Rauch auflöste, stellt eine Historisierung des Nationalsozialismus und dessen Taten die Relativierung kollektiver und individueller Schuld dar. Ein Umstand, auf den der jüdische Historiker Moshe Poston zu Recht hingewiesen hat, da seiner Meinung nach, die vorschnelle Interpretation des Geschehens den kapitalistischen Verdinglichungs- und Verwertungscharakter der nationalsozialistischen Machthaber über die Opfer außer Acht läßt. Auschwitz war eine „Fabrik zur Vernichtung des Werts". Sie verfügte eine Organisation „eines teuflischen industriellen Prozesses mit dem Ziel, das Konkrete vom Abstrakten zu befreien". Der erste Schritt dazu war die Entmenschlichung, das heißt, die Maske der Menschlichkeit wegzureißen und die Juden als das zu zeigen, was sie nach ihrer Meinung wirklich sind. „Schatten, Ziffern, Abstraktionen", welche man in unendlichen Zahlenreihen als kapitalistisches Ausbeutungsmaterial benennen konnte, und über das man mit dem Programm „Vernichtung durch Arbeit" nach Belieben verfügte. Ein weiterer Schritt war dann, „diese Abstraktheit auszurotten, sie in Rauch zu verwandeln, jedoch auch zu versuchen, die letzten Reste des konkreten gegenständlichen „Gebrauchswert" abzuschöpfen: Kleider, Gold, Haare, Seife"[16]

Militärisch verloren die Deutschen den Krieg, den sie vom Zaun gebrochen hatten. Die Nazis jedoch gewannen ihren Krieg gegen das europäische Judentum und seine Kultur. Es ist ihnen gelungen eine uralte Kultur zu zerstören, die in dieser Weise ein für allemal verloren ist. Europa ist dadurch arm und ärmer geworden. Eine zeitgenössische Kritik europäischer und vor allem deutscher Gegenwartskultur müßte genau an diesem einmaligen historischen Bruch ansetzen um das gesamte Ausmaß gegenwärtiger „Kulturverlorenheit" aufzuzeigen. Nach Auffassung von Moshe Poston zeichnete sich die jüdisch europäische Kultur dadurch aus, daß sie sich in einem Spannungsbogen zwischen Besonderheit und Allgemeinheit bewegte. Niemals waren die Juden völliger Teil der größeren Gesellschaften in denen sie lebten und wirkten; aber sie waren auch niemals ganz außerhalb dieser Gesellschaften. Ihre Besonderheit hat ihr das Mißtrauen und die offene Feindschaft des Antisemitismus eingebracht. In dem Maße, wie sie sich assimilierten, waren sie Bestandteil der allgemeinen Kultur und haben sie außerordentlich bereichert ohne hierbei typisch „jüdisch" zu sein, falls es so etwas je gegeben haben sollte. In der jüdischen Tradition liegt die Auflösung dieser Spannung in der Funktion der Zeit, der Geschichte, die in der Ankunft des Messias ihre Erfüllung findet. Die Frage muß offen bleiben, ob es der traditionellen jüdisch-europäischen Kultur gelungen wäre, diese Spannung aufzugeben und integraler Bestandteil der allgemeinen europäischen Kultur zu werden, die sich dann allerdings anders dargestellt hätte, als gegenwärtig.

Rassismus und Antisemitismus als Feindbilder und zugleich Aspekte der Zivilisation - eine Paradoxie der Moderne

Fremdenfeindlichkeit ist so alt, wie die Kulturgeschichte der Menschheit. Dennoch liegen die Wurzeln des Rassismus aus dem sich der moderne Antisemitismus entfalten konnte im 18. Jahrhundert, was um so mehr erstaunt, da doch die Aufklärung den alten Aberglauben beseitigt hatte, die Menschen seien unsichtbaren Schicksalmächten ausgeliefert. Aber im Zuge der Aufklärung entdeckten England und die europäischen Kontinentalmächte bislang unbekannter Gebiete, lernten deren Menschen und Kulturen kennen, ohne sie als gleichwertige Individuen anzuerkennen. Die Stunde der Kolonialisierung war gekommen und damit die Einteilung in Herren und Sklaven. Die Aufklärung markierte einen entscheidenden Punkt in der Geschichte der Freiheit der europäischen Kolonialstaaten, ohne daß diese, ihre Erkenntnisse an die unterdrückten Völker weitergegeben hätten. Anderseits beeinflußte das aufklärerische Denken durch den Einfluß der Klassik ein bestimmtes Bild vom Menschen und trug somit zu einer spezifischen Vorstellung über das Wesen des Menschen und seiner Kultur bei. Die Idee vom Guten, Wahren und Schönen sah diese Ideale in einer homogenen Einheit von Körper und Geist verwirklicht. Dasjenige, was als das Wahre und Schöne unter den Vorstellungen des ästhetischen Geschmacks galt, spiegelte zugleich auch das moralisch Gute wider. In Anlehnung an das griechische Schönheitsideal hatte die Aufklärung einen bestimmten Maßstab menschlicher Schönheit gesetzt, welcher Körper und Geist in harmonischer Einheit sah, in der sich der europäische Mensch der Aufklärung verstand. Dieses Denken trug dazu bei, die Menschheit nach Rasse und Kultur zu unterteilen. Es war daher nicht verwunderlich, daß sich unter ihrem Einfluß ein ausgrenzendes anthropologisches System herausbildete, welches die Kulturen und Völker in einer Zuordnung von höheren und niederen Kulturen und Rassen klassifizierte. Im Kontext des europäischen Nationalismus und Imperialismus im beginnenden 19. Jahrhunderts erschien es selbstverständlich, daß der europäischen Kultur und vor allem der arischen Rasse der höchste Wert zugemessen und über alle anderen Rassen und Kulturen gestellt wurde. Insbesondere im Deutschen Kaiserreich nach 1871 wurde dieser Trend verstärkt durch die Verknüpfung des Nationalgedankens an völkisch-rassische Traditionsbilder, von denen man glaubte, daß diese ungebrochen über die Jahrhunderte nach wie vor Gültigkeit besäßen. Jahrzehnte später bedienten sich die nationalsozialistischen „Kunstformen" in epigonaler Weise des griechischen Schönheitsideals in ihren Bildern und Plastiken und glaubten damit, Erscheinungsbilder des Arischen herzustellen. Was dabei herauskam, waren jedoch nur ordinäre Kopien ihrer griechischen Vorbilder. Ihre steinernen Kriegergestalten und Menschenkörpern, die in überdimensionierten Bildern dargestellt wurden, versuchten sich vergeblich dem griechischen Ideal anzunähern. Aber anstelle der ästhetischen Anmut griechischer Skulpturen, kam nur brachiale Ausdrucksform vorzeitlicher germanischer Menschenfiguren zum Vorschein, wobei es den Erzeugern dieser Plastiken und Gemälden ein Leichtes war, die Grenze zum Kitsch zu überschreiten. Auch war in ihnen nichts Lebendiges und Zukunftweisendes enthalten. In den Gesichtern der Figuren steht eine wilde, unerbittliche Härte gezeichnet, die über alles andere hinwegschreitet und nur zu einem Ziel hinzustreben scheint: in den Tod für Volk, Reich und Führer. In diesem Zusammenhang trifft zu, daß der nationalsozialistische Kitsch im Gewande epigonaler Ästhetik „das Zurück zur verflachten Romantik, zu einer Ästhetik ohne die Energie und Erneuerungskraft, die sie vor hundertfünfzig Jahren, am Vorabend des Aufbruchs in die Moderne, noch besaß", [17] war und ihre Bildnisse mit einer archaischen Stimmung überzog, die Angst auslösen sollte. Im Gegensatz zur Ästhetik der Klassik bildeten sie statt dessen Ausdrucksformen des Nihilismus. In diesem antimodernen Klima ließen sich Kitsch und Terror zur Deckung bringen. Insofern entsprach die nationalsozialistische Kunst in ihrer aufdringlichen Brutalität dem Nihilismus der Juden- und Rassenpolitik. Sie bildeten die pseudoästhetischen Deckbilder eines mörderischen Rassismus und Antisemitismus. Betrachtet man die Männerfiguren, so läßt sich erahnen, daß in ihnen die Täter und Henker des Völkermordes bildhaft vorgestellt sind. In ähnlicher Machart sind jene verzerrten Bilder, welche durch die nationalsozialistische Propaganda eines

Goebbels oder Streicher vom Juden gezeichnet wurden, in psychologischer Hinsicht Stereotypen der Verdrängung eigener Inferiorität und moralischen Häßlichkeit.

Eines der Paradoxien des Rassismus und des Antisemitismus besteht darin, daß zivilisatorischer Umgang der Menschen untereinander diesen Tendenzen vorbeugen hilft, wenn sich die Umgangsformen von Toleranz, Liberalität und Demokratie das gesellschaftliche Klima prägen. Zivilisation, so scheint es, verhindert inhumane Tendenzen. Sigmund Freud erkannte, daß die Zivilisation, auf die um des Überlebens der Menschheit nicht verzichtet werden, ihrerseits das Antizivilisatorische hervorbringt und mit ihren technischen Möglichkeiten verstärkt. kann Wir werden sehen, daß gerade die Zivilisation den Antisemitismus als pathologische Symptomatik eines absolut verstandenen ästhetischen Ideals über den Menschen und sein Erscheinungsbild hervorbringt. In einem harmonischen Körper, der den Gesetzen der griechischen Ästhetik entsprach waltete nach Vorstellung der Klassik auch ein erhabener Geist unter der Vorherrschaft der Vernunft, welche die niederen Triebe in Schranken halten sollte. Hierbei beabsichtigte die Aufklärung nicht eine ausschließliche Idealisierung menschlicher Schönheit in einem partikularistischen Verständnis, sondern sie war davon überzeugt, daß die klassische Vorstellung Ziel aller Menschen sei und daß ihre moralische Ordnung ein Teil der natürlichen Ordnung war und deshalb immer und überall Bestand haben würde.[18] Diesem Schönheitsideal entsprach auch die allgemeine Vorstellung gesellschaftlicher Ordnung und Kultur, welches ebenfalls zum universalistischen Maßstab menschlicher Gemeinschaften erhoben wurde. Somit neigte die Aufklärung unter dem Postulat der Ästhetik dazu, alle Menschen nach demselben Muster zu betrachten und zu bewerten. Obgleich vernunftorientiert, war sie dennoch nicht vor der List der Vernunft gefeit, die sich in ihr Gegenteil zu verkehren vermag, wenn sie absolut gesetzt wird. Es konnte daher nicht ausbleiben, daß alles dasjenige, was diesem abendländischen Muster nicht entsprach, aus der Norm fiel. Dem ästhetischen Menschenbild entsprach auch die Vorstellung über die Ordnungsprinzipien von Lebensführung, Gesellschaft und Kultur. Sinnlichkeit und die niederen Triebe des Menschen sollten durch die Kraft der Vernunft und des Intellekts beherrscht werden. Alles war den Gesetzen der Harmonie, des Wahren, Schönen und Guten untergeordnet. Im Zuge des Rassismus konnte war es daher selbstverständlich, daß fremde Kulturen und Lebensgewohnheiten, die diesem ästhetischen Ideal nicht entsprachen, diskriminiert und als minderwertig angesehen wurden. So verstieg sich beispielsweise Richard Wagner darin, zu behaupten, jüdische Musiker seien von minderer Qualität und zu kreativer Arbeit nicht fähig und hätten deshalb unter den nichtjüdischen Musikern zu sitzen. Richard Wagners Antisemitismus ist von besonderer Bedeutung für die Verbreitung antisemitischer Ideen in das bürgerliche Lager. Für einen großen Teil der Deutschnationalen, der Rechten und Konservativen wurde Bayreuth zum Zentrum des deutschen Antisemitismus und unter der Führung seiner Ehefrau Cosima und späterhin durch seine Schwiegertochter Winifred zum Maßstab der Kultur überhaupt. Der Bayreuther Opernkult seit 1876 des Wagnerkreises um Cosima Wagner, Winifred Wagner und Chamberlain und der Antisemitismus als bürgerliche Kultur waren fortan nicht mehr voneinander zu trennen. Wagner zeichnete die Bühnenfigur des Beckmessers in seinen *Meistersinger* mit allen unsympathischen Eigenschaften aus, die er und vordem Robert Schumann nicht nur den Musikjuden unterstellte, sondern die im Arsenal des Antisemitismus einen hervorragenden Platz innehatten. Die *Bayreuther Blätter* boten eine unerschöpfliche literarische Plattform dieses Antisemitismus. Gustav Freytag ersann für seinen Roman *Soll und Haben* einen jüdischen Schurken, den er mit allen erdenklichen Bosheiten und Eigenschaften ausstattete, die man den Juden zuschrieb. Über rassespezifische und moralische Prinzipien hinaus, die in der Haltung des Antisemitismus implizit vorhanden sind, geriet die jüdische Frage unter dem Einfluß völkisch nationalistischer Strömungen zu einer Kulturfrage. Diese war in Deutschland und innerhalb der europäischen Kultur gegen Ende des 19. Jahrhunderts mit dem Aufkommen der Moderne aufs engste verknüpft. Die Antwort, welche die Moderne auf die jüdische Frage gab - wobei die „jüdische Frage" eine künstlich und willkürlich gestelltes Problem war -, hatte hingegen wenig mit dem zu tun, was die Moderne vorgab zu sein, sondern durch das, was sie nicht hätte sein sollen, nämlich einen moralischen und ethischen Rückfall in vorgeschichtliche Zeiten. Die künstlich herbeigeführte „jüdische Frage" wurde indes durch die Realität entkräftet, wenngleich auch eingefleischte Rassisten und Antisemiten demgegenüber resistent blieben. Wenn Juden Bücher schrieben, an Hochschulen lehrten, sich als Juristen betätigten, Orchester dirigierten, Bilder malten, Theater spielten, musizierten oder Opernrollen sangen, dann unterschieden sie sich in Nichts von den nichtjüdischen Deutschen. Sie taten dies in erster Linie als Deutsche jüdischen Glaubens und nicht als Juden in Deutschland. Die deutschen Juden im Kaiserreich sahen sich eben so als echte Deutsche, wie typische Rheinländer oder Schwaben gleichzeitig Deutsche sein können. Für die Antisemiten hingegen stand in ungebrochener Hartnäckigkeit fest, daß die jüdischen Bürger und vor allem die Intellektuellen unter ihnen, unabänderliche Feinde in ihrer heilen teutonischen Welt seien.

Der Moderne lag jene Begleiterscheinung des „Ungleichzeitigen und Gleichzeitigen" zu Grunde, was ihre ursprünglich liberale und tolerante Dimension erschütterte. Einerseits wurde sie durch den technisch- industriellen Fortschritt geprägt, andererseits blieben demokratische Veränderungsprozesse weit hinter ihrem modernen Erscheinungsbild zurück, oder stellten sich, wie im Deutschen Kaiserreich erst gar nicht ein. In den Familien herrschte nach wie vor ein patriarchalischer gefärbter Erziehungsstil mit allen Triebunterdrückungen und restriktiven Standards einer mitmenschlichen Beziehung. Aber es waren nicht nur die wirtschaftlichen und politischen Diskrepanzen, welche den Antisemitismus in Deutschland beflügelt haben. Historiker haben in den vergangenen Jahren ihm eine psychologische Dimension hinzugefügt. Die Krankheit des Rassismus und Antisemitismus, so ihre Erkenntnis, weist einen besonderen Zug kultureller Nostalgie auf, der Sehnsucht nach dem Gestrigen aus Angst vor den Verwerfungen, die der moderne Zeitgeist mit sich brachte. Jene völkisch nationalen Ideen des 19. Jahrhunderts, die im Zuge eines romantischen Nationalismus aufkamen und zunehmend den gesellschaftlichen Diskurs bestimmten, schürten die Angst vor einer Zukunft, in der alte Traditionen zu zerbrechen drohten. Historismus wurde zum kulturellen und gesellschaftlichen Gewand, der die Realität der Gegenwart überdecken sollte. Nur der Rekurs auf die „ewig" gültigen Traditionen der Ahnenreihe wurde als Garant für eine sichere Gegenwart zu garantieren. Andererseits war diese Epoche eine Zeit des Aufruhrs auf allen Gebieten der Kunst und des Geisteslebens und es war gewiß kein Zufall, daß sich jüdische Künstler und Literaten an diesen Erneuerungen beteiligten. Wenngleich die antisemitische Propaganda stets behauptete, Juden seien vor allem dazu prädestiniert sich gerade derjenigen Berufe zu bemächtigen, in denen man schnell zu Ruhm, Geld und Ansehen kommen konnte: Börse, Großhandel, Politik, Journalismus, aber auch avantgardistische Literatur, Kunst, Theater, so taten sie dies nicht mehr und häufiger als ihre nichtjüdischen Mitbürger.[19] Hierbei spielte es gar keine Rolle, daß viele der jüdischen Bürger gebildet, rechtschaffen und national- konservativ in ihren politischen Anschauungen und recht konventionell in ihrem kulturellen Geschmack waren und sich auch in dieser Hinsicht von den übrigen Deutschen nicht unterschieden. Nicht wenigen unter ihnen erschien die Moderne mit ihren rasanten Veränderungen gleichermaßen bedrohlich, wie sie ihr ablehnend gegenüberstanden. Die Karikatur des Juden, welche der Antisemitismus zeichnete, übersah diese Gemeinsamkeiten, er brauchte vielmehr sein Feindbild, um sich mit der Realität der Gegenwart zu arrangieren. In seinem vorurteilsbeladenen Bild über den „Juden" schienen alle diejenigen Eigenschaften enthalten zu sein, die dem „wahren" und traditionsbesessenen Deutschen höchst widerspruchsvoll, wenn nicht gar bedrohlich vorkamen. Ihnen erschien der Jude geschickt, geistig beweglich, weltoffen, liberal und anpassungsfähig, „doch wurzellos- provokativ und feindselig, das widrige Gegenteil ihrer geliebten und

gehegten teutonischen Ideale".[20] Er galt als der anpassungsfähige und geschmeidige Empor-
kömmling, der streberhafte Einwanderer, politische Grenzen überschreitend und mit vergleichsweise wenigem moralischen Gepäck ausgestattet. Der Jude, so lehrte es die Propaganda, verkörperte all diejenigen Kräfte, „denen gegenüber der Antisemit sich ohnmächtig fühlte
und die seine Welt bedrohten".[21] Die Karikatur richtete sich nicht auf das, was die Wirklichkeit jüdischen Lebens im Deutschen Reich ausmachte. In ihr waren alle Gefühle vorhanden,
die sich der Antisemit selber nicht gestattete, sie aber als Projektionen auf sein Feindbild
richtete. Der deutsche Antisemitismus war ein Weg, „sich den Zwängen der Zeit entgegenzu-
stellen oder vielmehr sich ihnen zu entziehen, Zwängen, die Deutschland ebenso wie die
anderen Industrienationen im 19. Jahrhunderten umgestalteten: Spezialisierung, Mechanisie-
rung, Unterdrückung der natürlichen Impulse und das rapide ansteigende Tempo im Alltagsleben, die Gefahren einer Moral ohne Gott, die sozialistische Revolution und der kulturelle
Nihilismus".[22] Jener Antisemitismus des beginnenden 20. Jahrhunderts aus dem Boden des
völkisch rassischen Nationalismus gewachsen, war ein irrationaler Protest gegen die moderne
Welt, eine umfassende gesellschaftliche und individuelle Regression, die statt sich mit einer
Kultur der Gegenwart zu versöhnen, in tiefe archaische Gegenwartsdeutungen zurückfiel.

Aus einer gänzlich anderen antisemitischen Perspektive bezog sich der Schweizer Tiefenpsychologe Carl Gustav Jung auf die germanische Seele, als wahre schöpferische Instanz. Diese
sah er in den Archetypen des kollektiven Unbewußten angesiedelt, einem Urgrund, in der
diese Seele über die Jahrtausende geschlummert hatte und durch jüdische und christliche
Einflüsse überdeckt wurde. Ihr eigentliches Wesen vermutete er psychologisch im heraufziehenden Nationalsozialismus. Er versuchte zu beweisen, daß der jüdischen Psyche, im Gegensatz zur germanischen, die Fähigkeit zur Erneuerung fehle, sowie sie auch nicht in der Lage
sei, schöpferische Momente in den jeweiligen kulturellen Kanon einer Gesellschaft einzu-
bringen, da sie über keine eigenständige Kultur verfüge.[23] Stand Richard Wagners Judenhetze, die vor allem in seinen Meistersingern zum Ausdruck gelangt [24] im Kontext antisemitischer Strömungen des 19. Jahrhunderts zu sehen, so dienten Jungs Polemiken in erster Linie
seiner Annäherung an den nationalsozialistischen Zeitgeist nach der Machtübernahme 1933.
Und so neu waren Jungs fragwürdige Erkenntnisse über die jüdische Seele und Kultur
wiederum nicht. Fragmente seiner tiefenpsychologisch verbrämten Kulturkritik waren bereits
in den Schriften des französischen Grafen Gobineau enthalten und beeinflußten die Entwicklung des rassistischen Denkens im 19. und 20. Jahrhundert. Ähnlich wie Gobineau verknüpfte
C. G. Jung die kulturelle Kompetenz eines Volkes mit deren Rassenzugehörigkeit. Während

Gobineau die Rassen und deren Kultur in weiße, gelbe und schwarze unterschied, denen jeweils unterschiedliche Wertigkeiten in Bezug ihrer sozialen und kulturellen Leistungen zugeordnet wurden, zog Jung eine strikte Trennungslinie zwischen der schöpferischen germanischen Rassenseele und der jüdischen Seele, die angeblich nur von den Leistungen ihres „Wirtsvolkes" profitiert. Auf Gobineau berief sich einige Zeit später der englische Literat Houston Stewart Chamberlain mit seinen antisemitischen Schriften, die ihrerseits wiederum nicht ohne Wirkung auf den Bayreuther Wagnerkreis blieben und schließlich auch den primitiven Rassisten vom Schlage eines Lanz von Liebenfels Argumente zulieferten. Hitler bezog unter anderen aus den rassistischen Pamphleten jener Zeit seine Vorstellungen über die angebliche Rangordnung der Rassen, Völker und Kulturen. Seit den zwanziger Jahren bildete der Haß auf sogenannte „minderwertige" Rassen und insbesondere die Juden die Basis seiner manichäischen Weltsicht. Auf der einen Seite standen für ihn die kultur-schöpferischen Arier und als solche die rechtmäßigen Anwärter auf die Vorherrschaft über alle Rassen und Kulturen. Und auf der anderen Seite standen deren gefährlichsten Feinde, die Juden. In seinem Werk *Mein Kampf* ist zu lesen, daß der Jude „keine irgendwelche kulturbil-dende Kraft, (besitzt) da der Idealismus, ohne den es eine Höherentwicklung des Menschen nicht gibt, bei ihm nicht vorhanden ist [...]. Er ist und bleibt der typische Parasit, ein Schma-rotzer, der wie ein schädlicher Bazillus sich immer mehr ausbreitet, sowie nur ein günstiger Nährboden dazu einlädt. Wo er auftritt, stirbt das Wirtsvolk nach kürzerer oder längerer Zeit ab [...]. Er vergiftet das Blut der anderen, wahrt sein aber eigenes[...] scheinbar darauf eingehend, die Lage des Arbeiters zu verbessern, in Wahrheit aber die Versklavung und damit die Vernichtung aller nichtjüdischen Völker beabsichtigend".[25] Die konfuse Vermengung biologischer, ökonomischer, sozialer und wie wir bei C. G. Jung feststellen konnten, sogar psychologischer Argumente, ist typisch in den Denkweisen der Rassisten und Antisemiten. Wir finden sie sowohl bei den Antisemiten Wagner, Langbehn, Dühring, Fritsch, Chamber-lain, Stoecker und Lanz von Liebenfels. Bei Hitler sind diese Argumente, die seinen perver-sen Obsessionen geschuldet sind und an mittelalterlichen Schreckbildern erinnern, nicht nur auf einen ordinären und zugleich wirren Höhepunkt getrieben, sondern sie dienten auch der propagandistischen Vorbereitung einer verbrecherischen Politik. Einer Politik, die das älteste soziokulturelle und politische Vorurteil der Menschheit durch einen millionenfachen Völker-mord mit noch lange anhaltenden Folgen bittere Realität werden ließ. Der Antisemitismus in seiner historischen Entwicklung war als solcher keine deutsche Besonderheit. Bekanntlich gab es in den übrigen europäischen Nationen antisemitische Tendenzen in unterschiedlicher

Ausprägung und Vehemenz. Gegen Ende des 19. Jahrhunderts herrschte in Frankreich ein eben so realer Antisemitismus wie im Deutschen Reich. Jene Segregationsmaßnahmen, welche Edouard Drumont und seine Anhänger forderten, glichen in hohem Maße den Nürnberger Rassegesetze von 1935. Der deutsche Antisemitismus zeichnete sich jedoch gegenüber anderen Antisemitismen dadurch aus, daß er im Dritten Reich zur offiziellen Doktrin und zur politischen Institution erhoben wurde. Einen anderen Aspekt, warum sich der Antisemitismus in Deutschland so ungehemmt entfalten konnte, liefert historisch betrachtet der Phänotypus des unpolitischen Deutschen. In vielen Verkleidungen und Maskeraden auftretend, ist er stets zu erkennen. Um 1800 trat er als der selbstbewußte Weimarer Literat auf, der das Recht sich öffentlich politisch zu bekennen, gegen geistige und sexuelle Freiheit eintauschte.[26] Als Spießbürger des Biedermeier, der sich umstandslos der Obrigkeit unterwirft, lebte er nur noch in der heilen Welt behaglicher Wohnkultur, was auch Resignation vor der politischen Realität sein kann, die man spätestens nach 1848 ohnehin nicht zu ändern vermochte. Die schlimmste, psychisch gebrochene Version dieses Daseins spiegelte sich im klassischen Untertan des Deutschen Kaiserreiches wider, der die Nation zu seinem Fetisch macht und dem dabei entgeht, wie sehr er sein Selbst verliert und nur noch in einer nationalen Kulissenwelt reagiert. Ohne sich in einer solchen Kulissenwelt zu bewegen, lehnte selbst Thomas Mann in seinen *Betrachtungen eines Unpolitischen*, Politik ab, da diese den Gesetzen der Ästhetik nicht zu folgen vermochte. Solche Analysen scheinen reichlich übertrieben dargestellt sein; aber dieser Typus war in seiner realen Erscheinung die generative Voraussetzung eines mörderischen Antisemitismus. Denn nur der unpolitische, entmündigte Bürger konnte leicht die rassistischen und antisemitischen Feindbilder zu seinen eigenen machen. Nur ein nicht politisch emanzipierter und unaufgeklärter Bürger, der sich von den politischen Geschäften abwandte, war empfänglich für die Hetzbilder des Rassismus und des Antisemitismus. Dabei zeigte der Antisemitismus als ein Bündel von Verhaltensweisen recht unterschiedliche Gesichter. Er konnte vom „gesellschaftlichen Snobismus bis zum Programm für die systematische Ausrottung" gehen. [27] Für die einen war damit Genüge getan, Juden aus dem familiären und vereinsmäßigen Umfeld auszuschließen. So gab es nicht wenige studentische Verbindungen, die Juden ihre Mitgliedschaft verwehrten. Und wiederum andere Antisemiten wollten sie gänzlich aus der menschlichen Gemeinschaft entfernen. Linksradikale Antisemiten sahen in den Juden die Handlanger des Kapitalismus. Reaktionäre und konservative antisemitische Strömungen sahen in ihnen die Kulturzerstörer, ein ruheloses und traditionsloses Volk, das stets eine Bedrohung der herrschenden Verhältnisse darstellte. In Zeiten wirtschaftlicher Not und sozialer Unruhen erlebte der Antisemitismus immer eine Hochblüte und eine politische Strömung, wie der Nationalsozialismus, konnte ihn für ihre machtpolitischen Zwecke instrumentalisieren. Die stereotypischen Eigenschaften, welche man den Juden unterstellte, waren so widersprüchlich und unvereinbar, daß sich schon alleine hieraus die Absurdität des Antisemitismus erkennen ließ. Für ein so bereitwilliges Schema übelster Vorurteile war der „ewige" Jude ein besonders geeignetes Opfer. Die, den antijüdischen Ressentiments zugrunde liegenden psychologischen Mechanismen basierten auf verschiedene, teils widersprüchliche Ursachen. In ihnen kamen sowohl kollektive Verwerfungen zum Vorschein, von denen man annahm, diesen nicht anders begegnen zu können, als durch die Projektionen ausgesuchter Feindbilder. Und somit standen für selbstunsichere und von den sozialen Verhältnissen enttäuschte und frustrierte Individuen das gesamte Repertoire rassistischer und antisemitischer Stereotypen zur Verfügung.

Das 18. Jahrhundert erlebte einen rasanten Aufstieg der Humanwissenschaften wie Anthropologie und Physiognomie, der Erforschung des menschlichen Gesichts, und begründete hierdurch eine Idealvorstellung menschlicher Schönheit, die sich nach klassischen Vorbildern richtete und den Wert einen Menschen und seiner jeweiligen Kultur bestimmte. Bei Anschauung des Schönen, so schrieb Schiller 1795, „befindet sich das Gemüt in einer glücklichen Mitte zwischen dem Gesetz und dem Bedürfnis [28] Dies war nicht als Theorie gemeint, sondern vielmehr eine visuelle Botschaft, die leicht zu erkennen war und auf die sich die Massen des heraufziehenden modernen Zeitalters mit all seinen Verwerfungen und Ängsten stützen konnten. Der Rassismus basierte auf diese visuelle Ideologie und darin lag seine zweifelhafte „Erfolgsgeschichte", die sich hartnäckig über die Jahrhunderte, bis in die Postmoderne, zwar nicht immer behaupten aber dennoch halten konnte. Jene Klischees des Schönen und des Häßlichen waren leicht zu erkennen und konnten daher genau so problemlos wahrgenommen werden, wie die nationalen Symbole und Denkmäler. Mehr noch, die Klischees des Schönen ließen sich mit den pseudoreligiösen Ritualen einer nationalen Staatsvergottung in Einklang bringen, das ästhetische Bild entsprach der Vorstellung des gottgewollten Staates und der herausgehobenen Nation. Deren Denkmäler und Statuen spiegelten als steingewordene, ewige Abbilder das anthropologische Ideal einer reinen und herausgehobenen Rasse wider. Da der Rassismus alle Menschen in dieser einfachen Weise klassifizierte, war er als Projektionsobjekt für die Massen erfolgreich und insbesondere für diejenigen, die ihn als politisches Überwältigungsprogramm nutzten. Der Rassismus war in erster Linie eine visuelle Botschaft, die leicht zu erkennen war. Darin lag seine Stärke und vermutlich auch eines der wesentlichen Gründe für seine ungehemmte Verbreitung im 19. Jahrhundert, zumal in ihm, Antworten auf die Verwerfungen und Ängste gesehen wurden. Der Rassismus bedarf auch nicht historischer Vorbilder, wie beispielsweise die Verfolgung und Vertreibung der Juden im mittelalterlichen Spanien oder jener gelegentlichen Pogrome in Deutschland und in Rußland. Die Ideologie des Rassismus und in seinem Gefolge des Antisemitismus „verwandelt eine mythologische nationale Vergangenheit in eine hypothetische, um die von der Moderne entwurzelten und verängstigten Menschen mit einem Trost locken zu können". [29]

Wenngleich die Geschichte des Rassismus getrennt von der des Antisemitismus verlief, beeinflußte sie rassistische Tendenzen, bis sich im Europa des 19. Jahrhundert kaum noch eine Unterscheidung erkennen ließ. Somit kann die Geschichte des europäischen Rassismus im 20. Jahrhundert nicht ohne die Entwicklung des Antisemitismus betrachtet werden. Auch ist man nirgends sicher vor diesen inhumanen Tendenzen, die über die Jahrtausende unendliches Leid und Elend über die Menschheit gebracht haben. Einzig auf dem Mond scheint man vor dem Antisemitismus einigermaßen geschützt zu sein, wie Hannah Arendt einmal feststellte, angesichts der Tatsache, daß die Irrationalität antisemitischer Stereotypen universalistisch und allgegenwärtig zu sein scheint. Sie funktionieren auch dann noch als Verdrängungs- und Projektionsmechanismen, wenn man den konkreten Juden oder Angehörigen einer fremden Kultur niemals kennengelernt hat. In dieser Irrationalität, gegen jemanden Aggressionen zu hegen, den man überhaupt nicht kennen gelernt hat, liegt das Wahnhafte des Antisemitismus, der in dieser Hinsicht einer Massenpsychose gleichzusetzen ist. Für die Entstehung des Rassismus und Antisemitismus bedarf es nicht einer wirklichen Begegnung mit dem projektiven Feindbild. Nicht der konkrete Jude oder Angehörige einer fremden Kultur oder Rasse löst diese Stereotypen aus, sondern sie werden in einer angstbesetzten Phantasie, den Verdrängungsmechanismen und psychischen Projektionen geboren und erfüllen somit ihren beabsichtigten Zweck, der Herstellung geeigneter Feindbilder. Es reicht aus, diese Phänomene politisch zu instrumentalisieren und zur Absicherung von Herrschaft und politischer Macht einzusetzen. Zum Rassismus und Antisemitismus bedarf es daher nicht einer wirklichen Begegnung, es genügt bereits die unendliche Kraft perverser Phantasien um solches in Gang zu setzen. Hierbei nehmen diese Stereotypen unterschiedliche Formen an, die den jeweiligen sozialen und psychischen Situationen geschuldet sind. Sie kommen daher im Gewande umfassender universalistischer Kulturkritik, als politisches Emanzipationsprogramm, als nationalistisch getönte Staatslehre, als biologisches Ausleseprogramm zum Fortschritt der

Menschheit oder als Ausdruck vermeintlich jüdisch- bolschewistischer Verschwörungstheorien, wie etwa in der Ideologie des Nationalsozialismus, der darüberhinaus auch sämtliche anderen Vorurteile und infolgedessen auch die entsprechenden Ausgrenzungs- und Vernichtungskonzeptionen enthielt.

Für das Erstarken des rassischen Ideals war das Wiederbelebung des historischen Bewußtseins im 19. Jahrhundert von grundlegender Bedeutung. Insbesondere durch die napoleonischen Kriege und die darauffolgende nachnapoleonische Ära entwickelte sich im Kielwasser der Spätromantik ein aggressiver völkischer Nationalismus, der die Geschichte eines Volkes aus der Kontinuität von Herkunft, Blut und Boden herleitete und somit zum Mythos erklärte. Dieser Mythos vermittelte eine Art gesetzmäßiger Entwicklungslinie eines Volkes und seiner Kultur. Historisch zwar unhaltbar, verwiesen diese Entwicklungslinien auf die Herkunft durch Blut, Boden und den Weg eines Volkes durch die Zeit. Nicht politische und soziale Faktoren bestimmten diesen Weg, sondern das Bluterbe der Ahnen, die angebliche Unverfälschtheit ihrer Kultur, Sitten und Gebräuche, die sich stets dem Einfluß fremder Kulturen widersetzten und die als Widersacher und Zerstörer der eigenen angesehen wurden. Durch diese verkürzte historische Sichtweise wird schlichtweg die Tatsache geleugnet, daß Kulturen oft hybride, komplexe und mitunter auch selbstwidersprüchliche Gebilde sind, deren Symbolik und semantische Bedeutungen niemals einheitlich interpretiert werden können. Zudem entstehen Kulturen historisch immer aus sozialen und politisch bedingten Austauschprozessen unterschiedlicher Völker, selbst dann, wenn dieser Austausch, wie im Falle des römischen Imperiums den unterdrückten Völkern aufgezwungen worden ist. Hierzu ließen sich aus der Geschichte der Menschheit zahlreiche Beispiele anführen. Den Rassisten des 19. Jahrhunderts sind diese historischen Tatsachen entgangen oder sie wollten sie nicht wahrhaben. Noch Herder war der Ansicht, daß die Geschichte eines Volkes einem göttlichen Plan folgt und kein Menschenwerk darstellt. Aus dieser Perspektive wurde eine Schicksalhaftigkeit eines Volkes angenommen und, wenn es um das eigene ging, seine Vorzugsstellung im Kosmos. Damit wurde Geschichte zum nationalen Mythos. Unter dem Einfluß sowohl des Nationalismus als auch des entstehenden Kolonialismus mit seinen imperialen Absichten entstand das Bild einer universalistischen menschlichen Klassengesellschaft, in der die Rassen in „höhere" und „niedere" unterschieden wurden.

Die Psychopathologie in der Rassentheorie Gobineaus

Den rassistischen Ideen Chamberlains, dem Wegbereiter des Antisemitismus bei Wagner und Hitler, waren die kulturphilosophischen Essays des französischen Grafen Arthur Comte de Gobineau (1816-1882) vorausgegangen, der die damals weitverbreitete Angst vor der Vielfalt der Rassen formulierte und den Untergang aller Kulturen in der Promiskuität des Blutes sah. Mit seiner Kulturphilosophie eröffnete er einen Weg in den Rassismus, der Eingang in die höchsten Bildungskreise fand und hierdurch die Denkmuster rassistisch und nationalistisch eingestellter Intellektuellen prägte. Im Verlaufe des 20. Jahrhunderts sollte sich dieser Weg als außerordentlich fatal und zerstörerisch erweisen. Zugleich vermittelte seine Rassenlehre scheinbare Erklärungsmuster zur Lösung zeitgenössischer soziokultureller und nationaler Probleme. Sein Rasseideal war die arische Rasse, die er als eigentliches kreatives Moment in der Entwicklungsgeschichte der Menschheit behauptete. Damit faßte er die Ergebnisse der Anthropologie und Sprachwissenschaften seiner Zeit zusammen, die in Anlehnung an Winckelmanns *Geschichte der Kunst des Altertums* in der klassischen griechischen Skulptur den arischen Idealtypus verkörpert sahen. Dieser wurde als mutig, stark, edel, fleißig, ehrlich, ausgeglichen und gesund dargestellt. Hierbei fällt auf, daß dieser Tugendkanon von Eigenschaften sich an dem bürgerlichen Mittelstand anlehnte, welcher begann, sich den Bildungshorizont der klassischen Antike anzueignen. Der Mythos vom Arier als „Edelmensch" wurde zur nationalen Ideologie des Mittelstandes mit der gleichzeitigen Rückbesinnung auf die nationale Geschichte, der eigenen kulturellen Herkunft und der eigenen Sprache. Diente der Mythos vom Arier zunächst noch als Abgrenzung gegenüber den Kolonialvölkern, den „Schwarzen" und „Gelben", mit denen Europa im Zuge seiner Kolonialpolitik konfrontiert wurde, so wurden die im Mythos enthaltenen Abgrenzungen und Bewertungstendenzen auch allmählich auf die Juden übertragen. Der bislang herrschende christliche europäische Antijudaismus begann zum nationalistisch gefärbten Antisemitismus zu werden, mit eindeutig rassistischen Implikationen. Damit solche Ideen Popularität erlangten und zur Staatsdoktrin avancierten, mußten sie propagiert und Bestandteil des gesellschaftlichen Konsens werden. Und dies geschah in der Weimarer Republik und vor allem verstärkt im Dritten Reich, wo die rassistische und antisemitische Literatur des 19. Jahrhunderts eine ungehemmte Verbreitung erfuhr. In Deutschland mag der Umstand der schmählichen Niederlage von 1918 mit dazu beigetragen haben, über die Rezeption rassistischer und antisemitischer Schriften das verlorengegangene nationale Selbstwertgefühl aufzuwerten. Somit fand der überhebliche Dünkel des untergegangenen Kaiserreiches, ein auserwähltes Volk und eine auserwählte Nation zu sein, in der Herabsetzung anderer Kulturen und Rassen seine Fortsetzung. Die literarischen Grundlagen wurden im 19. Jahrhundert hauptsächlich durch die Schriften Gobineaus und Chamberlains gelegt. Diese Machwerke von Dühring, Chamberlain, Langbehn, Lagarde und Gobineau waren in billigen Volksausgaben für jedermann zugänglich, der sie lesen wollte.

Im Glauben, daß nur die Rasse Kultur hervorbringe, fürchtete Gobineau durch die Etablierung von Nationalstaaten und die Gründung von Reichen deren Untergang. Seine Kulturphilosophie, die er in einem vierbändigen Werk *Essay über die Ungleichheit der Rassen* 1855 niederlegte, basierte auf einer christlich -antijüdischen konservativen Grundkonzeption, die auch weite Kreise der gebildeten Adels- und Bürgerschichten im 19. Jahrhundert erreichte. Gobineaus Denken war indes nicht schöpferisch, sondern synthetisch. Er vermischte Anthropologie, Linguistik und Geschichtsphilosophie zu einem eklektizistischen Gebräu, welches ihm als Gerüst seiner Rassentheorie diente. Die ausschließliche Rassezugehörigkeit sollte den Gang der Völker durch die Vergangenheit, Gegenwart und Zukunft erklären, gleichgültig welche historischen Strömungen die jeweiligen Kulturen beeinflußt haben. Ob Renaissance, Klassik, Romantik oder Idealismus, die spezifische Rassenzugehörigkeit prägten die gesellschaftlichen und kulturellen Standards und Umgangsformen. Seine Ansichten scheinen auch auf Richard Wagners kulturpessimistischen Antisemitismus nicht ohne Einfluß geblieben zu sein. Wagners Antisemitismus ging soweit, daß er die musikalische und künstlerische Qualität an der Rassenzugehörigkeit festmachte und demzufolge jüdische Musiker als minderwertig ansah. Gobineau ging von einer vollkommenen „Urrasse" aus, nämlich der „nordischen", „arischen" oder „germanischen Rasse". Karl Ludwig Schemann, einem Mitglied des Bayreuther Kreises um Cosima Wagner, übersetzte das Werk ins Deutsche. Cosima Wagner empfahl Gobineaus Essay ihrem Schwiegersohn Houston Stewart Chamberlain und bestärkte ihn damit in seinem Antisemitismus. Den Nationalsozialisten diente unter anderem der vierbändige Essayband zur Legitimation ihrer Rassenpolitik.

Gobineau war Rassist, aber kein Antisemit. Unter dem Eindruck der Kolonialpolitik und des europäischen Imperialismus bestand für ihn die Menschheit aus weißer, schwarzer und gelber Rasse, die allesamt ihre eigene Kultur geschaffen hat. Die „gelbe Rasse" erschien ihm materialistisch und pedantisch und von einem unkreativen Drang nach Wohlstand besessen. Auch sollte sie seiner Meinung nach keine Vorstellungskraft besitzen und demnach zu metaphysischen Gedankengängen unfähig sein. Freilich diese Behauptung war so neu nicht, bereits Friedrich Schlegel hatte sie über die chinesische Sprache aufgestellt. Wohl aber war die „gelbe Rasse dazu ausersehen, sich in Handel und Handwerk zu verwirklichen".[30] Sie besaß jene Eigenschaften, die Gobineau zufolge die Bourgeoisie zumaß, welche „das echte, auf Regionalismus, Adel und Bauerntum beruhende Frankreich vernichtet zu haben".[31] Die sogenannte „schwarze Rasse" stattete Gobineau mit jenen Merkmalen aus, die auch heutzutage im rassischen Denken aufgeführt werden: „Wenig intelligent, jedoch mit überentwickelter Sinnlichkeit, was ihnen eine natürliche und erschreckende Macht verlieh.[32] Für ihn waren sie gleich dem entfesseltem Mob, der während der französischen Revolution gemeinsam mit dem bürgerlichen Mittelstand die alten Herrschaftsstrukturen zum Einsturz gebracht hatten um das aristokratische Frankreich zu vernichten, nach dem er sich so sehr zurücksehnte. Und somit war es nicht verwunderlich, daß Gobineaus Rassentheorien just zu dem Zeitpunkt auftraten, wo die alten gesellschaftlichen und bürgerlichen Strukturen zusammenbrachen, das Zeitalter des technisch- industriellen Fortschrittes sich ankündigte: mit allen seinen sozialen Verwerfungen, der Hinterhoftristesse einer durch den Frühkapitalismus ausgebeuteten Arbeiterschicht und der Verarmung weiter Bevölkerungskreise, einhergehend mit dem Aufstieg eines neuen Geldadels, ohne aristokratischer Tradition. Insofern verstand sich Gobineaus Rassenlehre als Antwort auf die bedrohliche Moderne und indem sie sich als Kulturkritik ausgab, lieferte sie dem verunsicherten Bürgertum regressive Möglichkeiten der Kompensation seiner epochalen Ängste mittels rassistischer Projektionen auf die scheinbar „minderwertigen" Kulturen der Kolonialvölker.

In der weißen Rasse sah Gobineau Frankreichs verkörpert, jene Tugenden des Adels: Liebe zur Freiheit, Ehre und Geistigkeit. Die Herrschaft des Adels, der durch Freiheit und Ehre sich auszeichnete, sah Gobineau weniger durch Gewalt legitimiert als durch seine unanfechtbaren Tugenden. Indes war auch der Adel inzwischen moralisch korrumpiert. „Zentralisation und Gewaltherrschaft hatten das aristokratische Vorbild abgelöst...und das Volk war falscher Führung aufgesessen".[33] Die Arier, die seiner Meinung nach zunächst in Indien die geistige und politische Elite bildeten und dann das teutonische Erbe formten, bildeten in seinen Augen das Gegenstück zum Materialismus, den er heftig bekämpfte. Seine Sorge galt, daß sich die weißen Rassen in ihrem Materialismus immer mehr den gelben Rassen und dem Mob annähern, ihre ursprüngliche Kultur verlorengeht und schließlich die niederen Rassen das nächste Stadium der Geschichte beherrschen würden. Gegen Ende des 19. Jahrhundert wurden seine Rassenideen gegen die Juden benutzt und im deutschen Sprachraum zur Wiederbelebung des Germanenmythos rezepiert um die „ewige Überlegenheit der Deutschen" zu behaupten. Während Gobineau über einen längeren Zeitraum in Vergessenheit geriet und erst in den dreißiger Jahren des 20. Jahrhunderts unter dem Einfluß faschistischer Systeme in Italien und Spanien wiederentdeckt wurde, blieb dennoch die Wirkung seines Denkens auf die öffentliche Diskussion in Frankreich gering. Selbst für die intellektuelle Clique um die rechtsradikale Zeitung *Je suis parout*, einer kleinen Gruppe französischer Faschisten um Pierre-Antoine Cousteau, der ihn 1933 als Vorläufer faschistischen Denkens bezeichnete, blieb Gobineau eine Randfigur. Trotz des weitverbreiteten Antisemitismus in den Reihen der französischen Rechten spielte er in deren Weltanschauungen keine wesentliche Rolle mehr. Im Gegenteil, Maurice Barres, einer ihrer mächtigsten Vertreter griff Gobineau an, weil dieser „mehr für einen kosmopolitischen Adel eintrat als für die nationale Einheit". Hingegen auf der anderen Rheinseite machte sich sein verhängnisvoller Einfluß bemerkbar.[34] Gobineau entwarf sein Werk in der Hoffnung, dem Niedergang aristokratischer Kultur durch die empirische Darstellung einer offensichtlich zweifelhaften Rassenanthropologie zu begegnen, in dem er der weißen Rasse die kulturschöpfende und kulturtragende Rolle zuwies. In dem Maße, wie er andere Rassen als minderwertig erklärte, brachte er jene Kräfte auf den Plan der Geschichte oder bestärkte sie in ihrem Rassismus, die er stets gefürchtet hatte. Jene raubenden und plündernden Massen, der verführte Mob sowie das engstirnige, eigensüchtige und autoritätshörige Bürgertum welche skrupellosen Führen in den Totalitarismus des Dritten Reiches folgten, bedienten sich zur Legitimierung ihrer eingebildeten historischen Vorzugs-stellung eben dieser rassenideologischen Vorurteile, die Gobineaus Werk durchziehen und den späteren Rassisten zum Vorbild gereichten. So unterstützte ihn der Bayreuther Kreis um die Wagnerfamilie, welcher mit Erfolg rechte Gruppierungen in Deutschland infiltrierte. Der Alldeutsche Bund, dessen überwiegende Mitglieder Lehrer waren, griff Gobineaus Gedanken auf sorgte für deren Verbreitung in schulischer und gesellschaftlicher Erziehung. Freilich paßten der Bayreuther Kreis und der „Alldeutsche Bund" Gobineaus Ansichten den deutschen Verhältnissen an und pervertierten sie in Richtung eines massiven Antisemitismus. Die gelbe und die schwarze Rasse spielte hierbei keine Rolle mehr, sondern die völkischen und rassisti-schen Phantasien zielten nunmehr auf die jüdische Bevölkerung, die man wegen ihrer Opposition zum Militarismus und Expansionismus für den Niedergang der Nation verantwort-lich machte. So verwendete man Gobineaus Verdammung der gelben und schwarzen Rasse als Argumentationshintergrund gegen die Juden. Nach Meinung der *Bayreuther Blätter* hatte Gobineau den „urgermanischen Geist" erweckt, „der in der Wiege Asiens großgezogen worden war".[35] Solches Geschriebene war nicht nur eine mächtige Waffe in den Händen der Antisemiten, sondern galt auch als Beweis für die arische Überlegenheit der Deutschen.

Psychologische Aspekte des Rassismus

Ein Feindbild wird errichtet. Rassismus und Antisemitismus als Massenwahn. Die Flucht in die Feindbilder oder die psychologische Entlastung.

Im Großen und Ganzen durchzieht Gobineaus Gedankengebäude eine psychopathologische Aura, das unter einer literarisch eloquenten Oberfläche seinen wahren Charakter nicht verbergen kann. Sein Werk hielt jene Projektionsflächen bereit, die in Zeiten des politischen und wirtschaftlichen Umbruchs den Opfern sozialer Verwerfungen geeignete Entlastungsräume eröffneten um das eigene Elend zu vergessen. Nicht von ungefähr erfreute sich daher seine Theorie im deutschen Sprachraum einer gewissen Popularität. Gerade in Deutschland hatte die Liberalisierung und Demokratisierung bürgerlicher Schichten nicht mit dem technisch- industriellen Fortschritt mithalten können. Außerdem spiegelte sich die antidemokratische Gesellschaftskultur in den familialen und schulischen Bereichen von Erziehung und Sozialisation durch ein ausgesprochen autoritäres und rigides Klima wider. Gesellschaftspolitisch befand sich Deutschland im Zeitalter des Frühkapitalismus noch im Zustand einer paternalistischen Agrarkultur von Adeligen und Großgrundbesitzern mit ihren festen Rangordnungen und undurchlässigen sozialen Klassen. Die Gleichzeitigkeit des Ungleichzeitigen, wie Nietzsche treffend diese Epoche auf Deutschland bezogen genannt hatte, verstärkte die sozialen und wirtschaftlichen Ungerechtigkeiten, so daß eine breite Schicht der Bevölkerung am prosperierenden Wohlstand der Besitzklassen nicht teilhaben konnte. Diese, für den Einzelnen schwer zu durchschauenden gesellschaftliche Entwicklungen, mit ihren Massenverelendungen in den aufstrebenden Städten bei gleichzeitiger politischen Abstinenz des Bürgertums trugen mit dazu bei, daß sich die Vorurteile gegen alles Fremde steigerten. Immer dann, wenn die Sicherheit des Individuums oder der Gesellschaft durch katastrophale Ereignisse erschüttert werden, treten Antisemitismus und Rassismus als sozialpsychologische Kompensationsmuster offen zutage. Da es dem Einzelnen außerordentlich schwerfällt sich auf dramatische Veränderungen einzustellen, geraten die psychischsoziale Balance und die bisher gültigen ethischen Standards einer Gesellschaft ins Wanken. Diese relative Unfähigkeit sich den neuen Realitäten anzupassen, welche die psychosozialen Störungen auslösen, hängt davon ab, inwieweit das Ich durch seine prämorbide Konstitution bereits so geschwächt ist, daß es aus Gründen der inneren Stabilisierung seiner Psyche den Fluchtweg in die infantile Regression antritt. Auf die Gesamtgesellschaft bezogen läßt sich daher nicht übersehen, daß im Frühkapitalismus die politischen Verhältnisse im Deutschen Kaiserreich liberale und demokratische Veränderungsbestrebungen über einen langen Zeitraum verhindern konnten. Gesellschaftliche Deprivation und psychische Regression hängen indes unmittelbar zusammen, in dem das Eine das Andere bedingt. Darüberhinaus muß vor dem Hintergrund einer traditionell repressiven Erziehung und eines obrigkeitshörigen gesellschaftlichen Klimas davon ausgegangen werden, daß es einem großen Teil der deutschen Bevölkerung an Selbstbewußtsein und bürgerlichem Stolz gefehlt hat, was entwicklungspsychologisch betrachtet, unerläßliche Voraussetzungen zu einer ausbalancierten Psyche und einer stabilen Ich-Identität sind. Die Projektion des eigenen Elendes und der damit einhergehenden Haßgefühle auf andere Objekte, stellt daher psychologisch betrachtet eine Regression des Ichs auf einer infantilen Entwicklungsstufe dar um sich dem übermächtigen strafenden Über-Ich-Ideal zu entziehen und wenn dies durch ein Kollektiv geschieht, haben wir es psychologisch betrachtet mit einer Massenpsychose zu tun. Indem rassistische Projektionen auf andere geworfen wurden, ersparte man sich Schuldgefühle im Leben versagt zu haben und zugleich dienen sie der Abwehr der Erkenntnis, in die Unmündigkeit durch politische und soziale Indolenz hineingeraten zu sein. Dient der Antisemitismus einerseits dazu, kollektiv auftretende pathologische Störungen zu überwinden, so stellt er andererseits eine beträchtliche Gefahr für den Fortbestand der Zivilisation dar, obwohl sein Auftreten eng mit dieser verbunden scheint. Als der Antisemitismus 1890 im Deutschen Reichstag offiziell repräsentiert war, stellte der liberale Parlamentarier Eugen Richter fest: „Wenn wir dieser Bewegung erlauben, größer zu werden, zerstören wir die Säulen, auf denen unsere Kultur ruht".[36] Daß der Antisemitismus den Zivilisationsprozeß umkehren und die antisemitische Persönlichkeit auf das „Stadium des primitiven Kannibalismus zurückwerfen kann"[37] hat die deutsche Geschichte, mehr als jede andere gezeigt. Wenn der Antisemitismus eine Regression auf ein früheres Stadium menschlicher Entwicklung als Gattungswesen ist, so kann davon ausgegangen werden, daß diese Rückentwicklung im kollektiven Zivilisationsprozeß eine Störung im Verhältnis von Individuum und Kultur bedeutet. Daß Kultur gerade durch dasjenige zerstört wird, was sie hervorgebracht hat, begründet sich freilich auf eine Zivilisation, welche sich selbst ad absurdum führt. Individualpsychologisch betrachtet ist der Antisemitismus und Rassismus eine psychopathologische Charakterstörung; er stellt den Rückfall auf jenes ontogenetische wie phylogenetische Entwicklungsstadium des Ichs, bzw. der Menschheitsgeschichte, „in dem der Haß, der Vorläufer der Liebesfähigkeit, die Beziehungen zur Umwelt regierte. Es ist dieser pathologische Haß, unter dem die menschliche Rasse leidet, und der, neben anderen Krankheitszuständen, den Antisemitismus erzeugt".[38]

Der französische Mediziner und Schriftsteller Gustave le Bon entdeckte lange vor Freud, daß in der Moderne der Massenmensch auf dem Vormarsch ist. Die tieferen psychologischen Ursachen dieser Entwicklung, die Freud 1921 in seiner *Massenpsychologie* beschrieb, konnte Le Bon noch nicht erahnen. In der Moderne mit ihren arbeitsteiligen Produktionsabläufen, bei denen der Mensch sich von seinem Produkt entfremdet, da er den vollständigen Produktionsablauf nicht mehr beeinflussen kann und er gewissermaßen nicht mehr „Herr" über das Objekt ist, sieht sich der Einzelne gezwungen, psychisch über seine Verhältnisse zu leben, da die Entfremdungsmechanismen stärker sind als die Bedürfnisse nach Liebe, Zuneigung und Anerkennung. Hierdurch werden ihm jene kreativen und schöpferischen Erlebnisse versagt, die Freud zufolge hervorragende Momente der Sublimierung destruktiver und sozial unerwünschter Neigungen bilden. Daher gibt es für ihn nicht genügend Möglichkeiten zur Entladung seiner destruktiven Neigungen, welche durch die Frustrationen und Entsagungen des täglichen Lebens ausgelöst werden. Nach Herbert Marcuse ist ein kennzeichnender Zug der modernen Industriegesellschaften, daß sie das Bedürfnis nach Befreiung unterdrücken und statt dessen sogenannte falsche Bedürfnisse wecken.[39] Diese Bedürfnisse werden dem Individuum von außen herangetragen und entsprechen im Stile einer außengeleiteten Lebensweise dem Sozialisationstypus der Moderne, mit eindeutig narzißtischen Charakterzügen, der sich von den eigentlichen Bedürfnissen nach menschlicher Zuneigung entfernt hat.[40] Hierdurch werden die Entfremdung und psychische und soziale Unfreiheiten verschleiert, oder genauer formuliert, ein Bewußtsein über die außenbestimmten Zwänge verhindert. Wenn der Mensch in der Massengesellschaft des modernen Zeitalters aber kein Bewußtsein über seine Knechtschaft hat, gelingt es ihm auch nicht, sich davon zu befreien. Denn alle „Befreiung hängt vom Bewußtsein der Knechtschaft ab, und das Entstehen dieses Bewußtseins wird stets durch das einseitige Vorherrschen von Sekundarbedürfnissen und deren unmittelbare Befriedigung verhindert".[41] Marcuses Ansatz ließe sich im Hinblick auf den entmündigten Charakter und dessen Bereitschaft Stereotypen aufzusitzen, dahingehend ergänzen, daß es im Interesse der herrschenden Ideologie liegt, zur Befriedigung destruktiver Neigungen geeignete Feindbilder als kollektives Angebot für die Massen bereitzustellen. Die Flucht in die Masse, begleitet von projektiven Feindbildern, bietet daher dem Individuum die Gelegenheit sein destruktives Ich auszuleben, ohne dabei Schuld und Scham zu empfinden und hierbei zugleich seine Entfremdung und innere Unfreiheit zu übersehen. Außerdem wirkt die Mobilisierung gegen einen äußeren Feind oder das, was man dafür hält, als „mächtiger Antrieb zu Produktion und Beschäftigung und erhält so den (vergleichsweise, Anmerkung durch den Verf.) hohen Lebensstandard.[42]

Der Einzelne, der sich mit der antisemitischen Masse identifiziert, bedient sich gleichen Fluchtmechanismen wie der Psychotiker im klinischen Sinn. Das heißt, er regrediert auf einer infantilen Phase seiner Persönlichkeitsentwicklung, in der das elterliche Über-Ich sein eigenes Ich dominierte. Im Gegensatz zum Psychotiker verschafft ihm diese vorübergehende Regression, in welcher er antisemitisch agiert, einen gewissen Vorteil, seine tatsächliche infantile Machtlosigkeit gegenüber der Realität zu kompensieren. Er erringt die Macht eines Erwachsenen und kann „mit Hilfe der Massenpsychose zur Realität zurückkehren, vor der der einzelne Psychotiker fliehen muß".[43] Bereits Le Bon hat diesen Zusammenhang erkannt, ohne daß ihm der Begriff des Unbewußten bekannt gewesen wäre. Die Manifestation des Unbewußten in der psychischen Verfassung der Masse hat er wie folgt beschrieben: „Die Massen befinden sich ungefähr in der Lage eines Schläfers, dessen Denkvermögen im Augenblick aufgehoben ist, so daß in seinem Geiste Bilder von äußerster Heftigkeit aufsteigen...Das Unwirkliche hat stets den Vorrang vor dem Wirklichen".[44] Völlig im Bann des Irrationalen befangen denkt und handelt der Massenmensch auf der Ebene frühkindlicher Primärprozesse, in denen Ethik, Moral, Ästhetik und Logik noch keinerlei Rollen spielen. Anders als in bewußten Denkvorgängen ist die „Masse unfähig, das Persönliche von dem Sachlichen zu unterscheiden...Sie denkt in Bildern, und das hervorgerufene Bild löst eine Folge anderer Bilder aus, ohne jeden logischen Zusammenhang mit dem ersten...Bei allen Beeinflußten drängt die fixe Idee danach, sich in eine Tat umzuformen[...]. Alles hängt von der Art des Anreizes ab, nicht mehr, wie beim alleinstehenden einzelnen, von den Beziehungen zwischen der eingegebenen Tat und dem Maß der Vernunft, das sich der Verwirklichung widersetzen kann".[45] Das bewußte Denken des einzelnen in der Massenpsychose steht unter der Herrschaft sogenannter „Verdrängungs- und Verschiebungsprozesse, die bei der Entstehung von Bildern am Werke sind, wie sie normalerweise im Traum oder pathologisch in Halluzinationen wahrgenommen werden".[46] Durch den von außen angeregten Verschiebungsprozeß kommt der Antisemitismus zum Judenhaß. Im Juden sieht der Antisemit alles dasjenige, was ihm persönlich Elend bringt oder bereits gebracht hat, ohne darüber reflektiert zu haben, geschweige denn die eigene Verantwortung hierfür zu übernehmen. Nicht nur die gesellschaftliche Unterdrückung dient im als Projektion auf das verhaßte Feindbild, sondern auch seine eigenen unbewußten Triebe, die ihm durch die gesellschaftlich erzwungene Verdrängung schmutzig, eklig und schrecklich geworden sind, projeziert er auf den Juden. Ihm unterstellt er alles das, was ihm in seinen kühnsten Wunschträumen versagt bleibt. All dies kann er auf die Juden projizieren, weil ihm die konkreten Eigentümlichkeiten jüdischer Gebräuche, die Fremdartigkeit ihres geistig-religiösen Lebens für eine Projektion geeignet erscheinen lassen. Hier kann er alles unterbringen, was seinen eigenen kulturellen, sozialen und psychischen Arretierungen zuwider läuft und er dies ablehnt, weil sie seinem Weltbild widersprechen.[47] Der Antisemitismus bietet daher selbstunsicheren Individuen einen Fluchtraum, um einer Reflexion über das eigene, mitunter selbstverschuldete Elend auszuweichen. Darüberhinaus stellt er in ideologischer Hinsicht eine Ablenkungsstrategie dar um von den wahren Ursachen sozialer und politischer Mißverhältnisse abzulenken und die Massen um so enger an autoritäre Herrschaftsformen zu binden.[48]

Vor diesem psychosozialen Hintergrund betrachtet, und unter Berücksichtigung entfremdender Strukturen der modernen Industriegesellschaft stellt sich der einzelne Antisemit oder Rassist nicht als ein Psychotiker im eigentlichen psychopathologischen Sinn dar. Nicht er ist psychopathologisch, sondern lediglich regrediert auf einer niederen Entwicklungsstufe seiner Persönlichkeit. Sein antisemitischer Haß ist pathologisch. Erst wenn er sich dem Massenwahn anschließt und Bestandteil der Masse wird, verliert er jene individuellen Eigenschaften, die seine Normalität ausmachen. Seine Teilhabe als fanatisches Mitglied einer Masse, die sich rassistischem Wahn hingibt, macht ihn erst hinsichtlich seiner rassistischen Einstellung zu einem psychotisch agierenden Individuum, wobei er sich als Teil einer Masse sieht die ähnlich wie er denkt und handelt. Eher scheint der durchschnittliche Antisemit eine relativ normale und sozial angepaßte Persönlichkeit zu sein, als das er denn ein blindwütiger Fanatiker ist. Er geht seinen Geschäften nach und sorgt sich um seine Familie, aber er haßt den Juden und eine besondere Genugtuung ist ihm, wenn er seinen Haß in einer entsprechenden Ideologie aufgehoben sieht und daß viele seiner Zeitgenossen seine Gefühle mit ihm teilen.

Eine entscheidende Rolle bei der Erzeugung des rassistischen Wahns spielt daher die Ideologie, welche einen Führer ersetzen kann und an die Stelle des individuellen Über-Ichs tritt. An Stelle des populistischen Demagogen tritt die antisemitische oder rassistische Idee. Innerhalb einer Massengesellschaft finden rassistische und antisemitische Ideologien mit Hilfe der Massenmedien eine rasche Verbreitung. In der Hand geschickter Politiker erlangen sie historische Bedeutung.[49] Starken und zur totalen Herrschaft entschlossenen Regimes bedienen sich, ohne Rücksicht auf deren Wahrheitsgehalt, dieser Ideen um sie als Ideologie oder partikularistische Weltanschauungslehre machtpolitisch zu nutzen. Unter dem Nationalsozialismus bildeten diese Stereotypen die geistigen Voraussetzungen zum Rassenwahn, welcher sich der öffentlichen Meinung bemächtigte und lieferten somit der Massenbewegung die Argumente. Die nationalsozialistische Propaganda diente dazu, „das bewußte Ich des Antisemiten dem Einfluß seines irrationalen Unbewußten auszuliefern".[50] Dieser künstlich erzeugten Irrationalität ist die Realität nicht mehr zugänglich. Dennoch wird eine Diskontinuität in der subjektiven Wahrnehmung sichtbar, die zwischen dem Juden im allgemeinen und dem Juden im einzelnen, den man persönlich kennt, unterscheidet. Somit kann der intellektuelle Antisemit oder Rassist behaupten, „daß er die Juden haßt", aber einige seiner besten Freunde Juden sind.[51] Diese Abspaltung ermöglicht ihm zwischen seiner „Normalidentität" und seinem pathologischem Ich hinsichtlich des Rassenwahns zu trennen. Pathologisch agiert er nur, wenn er sich dem Rassenwahns anschließt. Als Beispiel sei hier nur der Historiker Heinrich von Treitschke genannt, der mit zahlreichen intellektuellen Juden freundschaftlich verkehrte, aber in seiner völkisch-nationalistischen Einstellung immer mehr zum haßerfüllten Antisemiten wurde. Zwischen kollektiver und individueller Psychose gibt es Parallelen, die darin bestehen, daß beide, Masse und Psychotiker irrational denken und handeln, weil ihre „Ich-Systeme regressiv desintegriert sind"[52] Während beim einzelnen Psychotiker der Prozeß der Regression auf frühere Entwicklungsstufen primär abläuft und dauerhaft ist, tritt beim kollektiven psychotischen Denken die Regression sekundär und in jeweils spezifischen Situationen auf, zudem innerhalb der Konstellation einer Masse. Die Gründe hierzu liegen darin, daß der einzelne Psychotiker infolge seiner pathologischen Schwäche mit der Realität bricht, während beim psychotisch agierenden „Gruppenmitglied zuerst die Realität mit dem Ich bricht". Indem es kollektiv regrediert, rettet sich das Ich durch Untertauchen in einer pathologischen Masse vor der individuellen Regression.[53] Dieser psychische Vorgang trägt einen Teil dessen bei, die Frage zu lösen, weshalb anscheinend normale Menschen wie Psychotiker reagieren können, wenn sie in den Sog einer Massenbewegung geraten. Wenngleich damit nicht alle Ursachen solcher Verhaltensweisen geklärt sind, so bilden dennoch diese intrapsychischen Prozesse in der Persönlichkeit des einzelnen die Bereitschaft auf der Rassismus und Antisemitismus als Weltanschauung und Handlungsentwürfe gedeihen können, wenn bestimmte soziale, kulturelle und politische Voraussetzungen gegeben sind. Das Ich der Antisemiten ist unreif, weil ihr Über-Ich schwach ist, und sie sich statt dessen an eine übermächtige Führerperson als Über-Ich Ersatzfunktion klammern.[54]

Der Antisemitismus und der Rassismus, wie er in zahlreichen Traktaten des 19. Jahrhunderts vermittelt wurde, verbunden mit der Heroisierung der eigenen Nation und Kultur bot die geeigneten psychosozialen Einstellungsmuster, das eigene Dilemma zu verdrängen und statt dessen auf die als minderwertig erachteten Völker und Kulturen herabzusehen. Aus der Psychopathologie des Vorurteils ist bekannt, daß man dem eigenen Elend am leichtesten dadurch ausweichen kann, indem man seine eigene bedrohte Existenz an einer willkürlich erstellten Rangordnung orientiert, welche die eigene Rasse über alle anderen Kulturen erhebt.[55] Gobineaus Rassismus bot dem Individuum die Möglichkeit, der eigenen individuellen Regression zu entgehen und in die kollektive Sicherheit pathologischer Vorurteile einzutauchen. Sigmund Freud hat in seiner *Massenpsychologie* deutlich gemacht, daß die Flucht des Einzelnen in der Anonymität einer Massenbewegung getragen wird, von der Furcht psychische Diffusion zu erleiden.[56] Unter normalen Umständen bietet die Gruppenbildung ein mächtiges Kollektiv-Ich, welches die Sublimierung aggressiver Triebenergien für ein höheres, dem Gemeinwohl dienendes Ziel ermöglicht. Pathologisch ist eine Gruppenbildung wie etwa im oben beschriebenen Massenwahn dann, wenn sie dem „ohnmächtigen Individuum vor allem dazu verhilft, unsublimierte und uneingeschränkt destruktive Triebenergien abzuführen, ein Bedürfnis, das sich einstellt, wenn die Selbsterhaltung gefährdet ist".[57] Die Verschmelzung des Einzelnen mit dem Wahn der Masse bietet somit die Möglichkeit, den individuellen Wahn bei sich selber zu vermeiden. Demnach ist die Flucht in die Massenpsychose eines kollektiven Antisemitismus oder Rassismus nicht nur eine Flucht vor der Realität, sondern auch vor dem individuellen Wahnsinn insoweit, wie soziale und gesellschaftliche Mängelsituationen psychische Labilität hervorrufen können. Voraussetzung hierfür ist eine selbstunsichere Ich-Struktur, wie sie in Deutschland durch repressive Erziehung und Sozialisation über Generationen befördert wurde. Daher ist die Gefahr einer Massenpathologie zu verfallen um so größer, je gebrochener und morbider die Ich-Identität eines Individuums ist. Wie wir gesehen haben traf dies im Deutschland des 19. Jahrhunderts auf den Großteil der Bevölkerung zu. Der antisemitische Massenmensch während des Nationalsozialismus konnte erstmals zeitweise in seinem Leben den latenten Ambivalenzkonflikt mit seinen übermächtigen Elternbildern lösen. Die erfahrene elterliche Gewalt, hervorgerufen durch eine repressive und emotionsfeindliche Erziehung, kann er abspalten: in den Führer, den er liebt, und in den Juden, den er haßt. Im Massenführer sieht er den geliebten Elternteil, an dem er um seiner eigenen Sicherheit willen glauben muß. Freud hat uns gelehrt, daß die „seelische Energie, von der die innerpsychische Kraft des Über-Ichs zehrt, vorwiegend der Verinnerlichung unterdrückter Aggressionen entstammt, insbesondere derjenigen, die wir nicht gegen unsere Eltern richten durften".[58] Gegen seine übermächtigen Eltern kann er sich nicht zur Wehr setzen, vielmehr unterwirft er sich und richtet die aufgestauten Aggressionen gegen das Objekt des Feindbildes. Der Antisemit erhält somit Gelegenheit seine Triebaggressionen neu zu verteilen. Psychologisch betrachtet erwirbt sein gestörtes Ich mit der Wahl des Juden als Haßobjekt das Vorrecht, das verhaßte Eltern Über-Ich anzugreifen, es zu bestrafen, statt von ihm bestraft zu werden. Der Jude verkörpert demzufolge nicht nur den gefürchteten „Welt- und Kulturfeind", sondern in individualpsychologischer Hinsicht das schlechte Gewissen, was sich aus den abgespaltenen Haßgefühlen gegen das elterliche Objekt einstellt.

Nicht nur Gobineaus eigene Ängste und Phantasien traten in seiner Rassentheorie zutage, sondern seine Rassentheorie als Kulturkampf spiegelte auch die kollektiven Ängste einer in Auflösung begriffenen Individualgesellschaft wider. Einer Gesellschaft, in der sich der einzelne Bürger von den Ereignissen bedroht sah. Die heile Welt des Biedermeier reichte nicht mehr aus, um sich vor den Umbrüchen zu schützen. In dem Maße wie sich derartige Stereotypen verfestigten, das gesellschaftliche Klima prägten und teils auch in propagandistischer Weise von den herrschenden Klassen des Adel, der Erziehungs- und Bildungsinstanzen und des Militärs benutzt wurden, durfte sich das verunsicherte Individuum in der Massengesellschaft aufgewertet fühlen, da sich durch die Rassentheorie eine scheinbare Rangordnung der Völker und Kulturen als verbindliches Ordnungssystem etablierte. Neben dem entwerteten Juden, Chinesen, Afrikaner oder Slawen erhält auch der noch so entmündigte und ausgebeutete Mob jene herrschaftsgemäße Schicksalsbestimmung einer auserlesenen Rasse anzugehören. Gobineaus Rassentheorien, wie zahlreiche andere Werke dieses Genres über Dühring, Richard Wagner, Paul de Lagarde, Houston Stewart Chamberlain, Adolf Stecker, Julius Langbehn, dem sogenannten Rembrandtdeutschen bis zu Theodor Fritschs *Handbuch der Judenfrage*, das zum Leitfaden der Nationalsozialisten avancierte, erfüllten ihre Funktion als Herrschaftsinstrument und zugleich als Fluchtschneisen vor der unerbittlichen sozialen und wirtschaftlichen Realität, denen die überwiegende Bevölkerung ausgesetzt war. Auf das Dritte Reich bezogen bedeutete dies, daß der antisemitische und rassistische denkende Massenmensch durch seine Teilhabe am Kollektiv-Ich der Masse sein Über-Ich-Ideal in zwei Teile spalten konnte, ohne dabei verwirrt zu werden. Folglich spaltete er dieses in den Führer und dessen Ideologie, den er liebte und in den Juden und seine Kultur, die er haßte, da er sich durch sie bedroht fühlte.[59] Hierbei spielte es keine Rolle, ob er konkrete Erfahrungen mit Juden oder Angehörigen fremder Kulturen gemacht hatte, denn zum Rassismus und Antisemitismus bedarf es nicht der konkreten Begegnung, da beides ein Produkt einer pathologischen Psyche ist.[60] Gustave le Bon, der als Begründer der Massenpsychologie gilt, beschrieb 1895 in seinem Buch *Psychologie der Massen* den Mechanismus der Psychopathologie, den sich ein totalitäres System und dessen Führer zum Zwecke seiner Herrschaft über die Massen zunutze macht. So, als hätte er Hitler vorausgeahnt führt er hinsichtlich der machttaktischen Instrumentalisierung des Stereotyps aus: „Die Überredungsmittel der Führer sind, abgesehen von ihrem Nimbus, die Faktoren, die wir schon wiederholt aufgezählt haben. Um sie geschickt zu handhaben, muß der Führer, wenigstens unbewußt, die Psychologie der Massen erfaßt haben und wissen, wie man zu ihnen zu sprechen hat...Er muß eine besondere Beredsamkeit besitzen, die aus energischen Behauptungen, die nicht zu beweisen sind, und eindrucksvolle, von ganz allgemeinen Urteilen umrahmten Bildern zusammengesetzt ist."[61]

In den Traktaten der rassespezifischen Antisemiten dominierten neben patriotischen Ideen, vor allem kulturpessimistische und demokratiefeindliche Grundzüge. Die Attraktivität derartiger Schriften lag darin begründet, die Verfallserscheinungen der Moderne, der „Welterklärung, der Kultur- und Politikschau" aus einer Ursache heraus erklären zu wollen, und deren Lösung im Kampf der „arischen Rassen" gegen die „Minderwertigen" bestand.[62] Hierin lag die Besonderheit einer Rassenlehre, die sich neben biologistischen Elementen als Entstehungsgeschichte des Kampfes der Ethnien und Völker untereinander verstand, bei der das Naturgesetz stets den Überlebensanspruch des Stärkeren betonte. Die rassenideologischen Konzepte, die mit dem nationalistischen Machtbegriff der europäischen Kolonialmächte korrespondierten behaupteten, daß bestimmte rassische und nationale Eigenschaften den Fortschritt innerhalb der Völker und im Gesamten der Menschheit fördern würden. Nicht zuletzt beruhten auch die europäische Kolonialpolitik und der völkisch- rassische Nationalismus auf diese rudimentär rassistische Fortschrittsidee, die Ethnien klassifizierte und ihre kulturellen, physischen und politischen Unterschiede betonte. Obgleich diese Ideen keineswegs neu waren und auch kein ausschließlich deutsches Problem darstellten, denn „völkische Überlegenheitsgefühle" sind in fast allen Kulturkreisen zu finden und es hat sie zu allen historischen Epochen gegeben, lösten sie sich aus ihrem ursprünglichen Bezugsrahmen. Jener historisch verankerte „christlich–universalistische sowie der aufklärerische menschheitsgeschichtliche Fortschrittgedanke relativierte den potentiellen Rassismus. Jedoch mit der nationalistischen und kulturkritischen Auflösung umfassender universalistischer Bezugssysteme, zumal im Verlauf des 19. Jahrhunderts, konkretisierte sich das historisch- politische Potential des Rassismus. Tragischerweise dienten die wissenschaftlich- biologischen Er-

kenntnisse im Vorfeld des Darwinismus noch zur manipulativen Verstärkung dieser Tendenzen"[63] Der Übergang zum militanten Rassismus mit seinen Vernichtungs- und Unterdrü-
ckungstendenzen wie er in der Weltanschauungslehre des Nationalsozialismus zum Vorschein
kam, beruhte insbesondere auf den Gedanken einer naturgegebenen Ungleichheit, welcher zu
einem vulgären Sozialdarwinismus ausgeweitet wurde. Konkret bedeutete dies die „Radikalisierung angeblich politisch- wissenschaftlicher Erkenntnisse über die >Verschiedenheit< der
Rassen – von der neutralen Beobachtung zur einseitigen Doktrin". [64]

Die jüdische Projektionsfigur aller Schlechtigkeit der Welt, der „ewige Jude" in seiner ihm
unterstellten Verderbtheit nahm in den Rassenideologien des völkischen Nationalismus und
schließlich in der Weltanschauungslehre der Nationalsozialisten metaphysische Dimensionen
an. Hierdurch wurde der Kampf gegen die Juden einmal mehr als „Kampf gegen die Finsternis
gesehen, in dem es nur Sieg oder Untergang gab". Das urchristliche Bild des Juden als Hostien-
schänder und Weltverderbers wandelte sich zu einer erbbiologischen Gefahr für die gesamte
Menschheit, die nicht nur die Reinerhaltung artspezifischer Rassen gefährdete, sondern auch
kultur- und staatszersetzend interpretiert wurde. „Die Juden sind unser Unglück" war die
einfache Formel im Dritten Reich vor der drohenden Gefahr der „Verjudung" von Kultur und
Sitte und des Ursprungs allen menschlichen Übels, wie Goebbels und Streicher des öfteren
anführten. Chamberlains zuvor propagierter Rassekrieg, zunächst als kulturanthropologisches
Gedankengebäude errichtet, fand in der millionenfachen Vernichtung des europäischen Judentums seine praktische Umsetzung. Dahinter stand der fanatische Glaube an rassistische Ideen,
die sich nicht nur in der Geschichte des deutschen Bürgertums und seines Geistesadels über die
Jahrhunderte entwickeln konnte, sondern auch in der gesamten europäischen Gesellschaft im
Denken der oberen und unteren Schichten seinen Niederschlag fand. Der europäische und im
Besonderen der deutsche Rassismus waren weit verbreitet und annektierten viele kultur- und
geisteswissenschaftliche Strömungen; er erwies sich hierdurch als „sehr anziehend Leuten
gegenüber, die überhaupt keine Rassisten waren oder deren Rassismus höchst ambivalent
war".[65] Aber eines war diesen Strömungen gemeinsam und auch denjenigen, die sich von
diesen beeindrucken ließen, sie richteten sich gegen die Vernunft und Aufklärung. Am Beispiel
des Antisemitismus wird die „politische Qualität fremdenfeindlicher Konstrukte deutlich",[66] die
auf alle möglichen Feindbilder ausdehnbar sind. An die Stelle der Juden können genau so
andere Minderheiten und Volksgruppen treten und in der Realität des Dritten Reiches waren
neben den jüdischen Bevölkerungsgruppen auch andere Randgruppen zur Vernichtung vorge-
sehen. Antisemitismus und ,Rassismus wie gleichwohl Fremdenhaß bedingt sich gegenseitig

und agiert auf einer Kontinuitätslinie unterschiedlicher Stärken von Haß und Verachtung und es bedarf nur eines äußeren Anlasses um diesen Haß in Gang zu setzen. Daher stehen Antisemitismus und Rassismus als „Chiffren für antiaufklärerischen Eifer, für irrationalen Fanatismus, für die Abwehr von Vernunft".[67] Wurden antisemitische Ideen zunächst noch im Fanatismus des mittelalterlichen Antijudaismus religiös begründet, so trugen sie im Zeitalter des Nationalismus immer deutlichere rassenspezifische Züge, welche in einem unerbittlichen Vernichtungswillen gipfelten. Hitlers „Endlösung der Judenfrage" bildete den Schlußpunkt beispielloser Ideenformationen von Rassismus, Spiritualismus, Geheimwissenschaften und kosmischen Überlebenskämpfen einer sich selbst auserwählten Herrenrasse. Der Massenmord setzte die Rassentheorien in die Praxis um. Die verhängnisvollen Ideen dilettierender Philosophen und völkischer Kulturkritiker erfüllten ihre Funktion als Resonanzboden fanatischer Demagogen und ihrer gewissenlosen Helfer.

Rassismus und Antisemitismus als pathologische Ideologie der Selbstentfremdung

„Und an Allem ist der Jude schuld". Streichers üble Judenhetze. Rassentheorie als sexuelle Verdrängungsideologie. Weiningers jüdischer Selbsthaß. Weininger und Hitler, eine tragische Übereinstimmung.

Jenseits aller kulturellen und religiösen Werte, die sich unter den Bedingungen des Kapitalismus als bloße fiktive Selbsttäuschung erwiesen, wird der Rassismus zur Ideologie eines spießerhaften Bürgertums oder genauer gesagt, zur Ersatzlegitimation eines enttäuschten Kleinbürgertums. Nachdem die traditionellen kognitiv kulturellen Standards den wachsenden Ungerechtigkeiten des beginnenden Industriezeitalters keine befriedigende Antwort vermitteln konnten, wurde die biologische Schicht des Menschen als letztes Refugium der Daseinsdeutungen und der Frage nach der menschlichen Existenz freigelegt. Führende Vertreter sozialdarwinistischer Lehren, wie Paul de Lagardes, Julius Langbehn, Eugen Dühring beschritten mit ihren rassistischen Auffassungen den ideologischen Pfad des Inhumanen, der sich im Zuge nationalistischer und imperialistischer Bestrebungen bis in die politischen Programme ausweiten sollte. Dühring sprach 1880 in seinem Buch *Die Judenfrage* bereits von „blutradikal" und forderte die Ausmerzung des jüdischen Lebens.[68] Anders dagegen Nietzsche, der in aller Deutlichkeit gegen „jene verlogene Rassen-Selbstbewunderung" polemisierte, „welche sich heute in Deutschland als Zeichen deutscher Gesinnung zur Schau trägt"[69] Im Rassismus und im populären Sozialdarwinismus präsentierte sich die Kehrseite einer harmonisierenden Gesellschaftsideologie eines saturierten Bürgertums, auf welches der völkische Nationalismus zurückgreifen konnte. Sicherlich hatte neben den modernistischen Zeiterscheinungen, welche eine Entfremdung des Menschen in seinen gesellschaftlichen Bezügen zur Folge hatte, auch der Imperialismus mit seiner Kolonialpolitik zur Popularisierung rassistischer Theorien beigetragen. Jene Herrschaft über die Kolonialvölker war nicht nur von dem wirtschaftlichen Nutzen den diese für die Kolonialmächte abwarf getragen, sondern in ihr kam auch die eingebildete biologische Vorzugsstellung einer zur Herrschaft berufenen „Rasse" zum Vorschein. Himmlers spätere Pläne zur Besiedelung und Germanisierung des Ostens, verbunden mit der Versklavung der dort ansässigen Menschen war von ihrer politischen Grundauffassung her nichts anderes, als die Neuauflage kolonialer Herrschaftspolitik im Gewande nationalsozialistischen Rassenwahns; zumal diesen imperialen Bestrebungen die Vorstellung vom „Volk ohne Raum" zugrunde lag, die neben ihrem geopolitischen Nutzen auch die materielle Versorgung des Hitlerstaates auf Dauer sichern sollte.

Das soziale Leben wurde zum brutalen Kampf um das Dasein erklärt, in dem der Stärkere zu seinem durch Blut und Boden angestammten Recht kommt. Damit ist eine neue Spielart gefunden, die Natur unter die Brutalität der totalen Leistungsgesellschaft des Kapitalismus zu subsumieren und als letzte Bindung bleibt nur noch das naturhafte Dasein „als Halt in einer völlig vergötterten Welt übrig"[70] Um diese Vergötterung auch sozial und psychisch zu verankern bedurfte es eines Feindbildes, auf dem die wirtschaftlich benachteiligten Schichten ihr Enttäuschungsreservoir projizieren konnten, die ohnehin von den Erträgen der Kolonialpolitik nicht oder kaum profitierten. Aus kulturhistorischer und religionsgeschichtlicher Erfahrung bot sich der jüdische Mitmensch, als „ewiger Jude" diffamiert, geradezu an. Indem der „Jude" als Repräsentant einer weltoffenen, in wirtschaftlicher und sozialer Hinsicht, „Zirkulationssphäre" galt, fungierte er in kleinbürgerlichen und teils auch in proletarischen Kreisen, an die der wirtschaftliche Fortschritt vorübergegangen war, als Sündenbock „in dem umfassenden Sinn, daß ihm das ökonomische Unrecht der ganzen Klasse aufgebürdet wird".[71] Einerseits war die jüdische Minderheit im Deutschen Reich so groß, daß man sie als Abladeplatz sämtlicher Ressentiments und zur Kompensation von Minderwertigkeitsgefühlen benutzen konnte, und ihre gesellschaftlich privilegierte Stellung aufgrund ihrer beruflichen und kulturellen Erfolge unübersehbar, andererseits war die jüdische Gemeinschaft, gemessen an der Gesamtbevölkerung wiederum so klein, daß ihre Diskriminierung keinen beträchtlichen Schaden an der Volkswirtschaft anrichtete. Die jahrhundertlange Ghettoexistenz trug ein Übriges dazu bei, aus Unwissenheit über die wahren Lebens- und Kulturformen der Juden, die absonderlichsten

Schauergeschichten zu verbreiten, welche den Antisemitismus verstärkten. Hartnäckig hielt sich vor allem die Vorstellung Geruch und Rasse seien ein aufeinander bezogenes Charaktermerkmal, welches den Juden einen grundsätzlich schlechten Geruch unterstellt. So glaubten nicht wenige Biologen und Rassetheoretiker wie beispielsweise der Begründer des Wiener Zoos, Gustav Jäger, daß der „jüdische Geruch" besonders unangenehm sei und man den Juden an seinem Geruch erkennen könne. 1881 verband er den Ursprung der Seele „mit den alles Leben und Denken bestimmenden, in chemischen Prozessen erzeugten Gerüchen", die in allen Rassen unterschiedlich seien und forderte, daß einige jüdische Kinder wegen ihrer „fauligen Ausdünstung" nicht mit christlichen Kindern zusammen kommen dürften, womit er zugleich die Meinung eines Schuldirektors aus dem Jahre 1809 wiederholte.[72]

Das Gebot der Rassenreinheit, als regressives Instrument der Meinungsbeeinflussung war dazu geeignet, die aus dem Kleinbürgertum stammende sexuelle Verdrängungsideologie und ihren Tabuierungen als Herrschaftsinstrument der Herrschenden festzulegen und damit die patriarchalisch kapitalistische Gesellschaftsordnung zu stabilisieren. So absurd sich auch der Zusammenhang zwischen Rasse und Sexualität objektiv betrachtet auch darstellt, um so hartnäckiger wurde er von einschlägigen Rassetheoretikern vertreten. Drei Jahre nach Chamberlains Buch Grundlagen des 19. Jahrhunderts erschien ein weiteres Machwerk, welches einen künstlich konstruierten Zusammenhang zwischen Geschlecht und Charakter aufzeigen wollte. Der Verfasser war der Österreicher Otto Weininger der sich 1903 dem Thema rassespezifischer Sexualität zuwandte. Weininger war Jude und sein Versuch, Arier und Juden gegenüber zu stellen um einen Idealtypus zu entwerfen, der auf Sexualität und Rasse aufbaute, dürfte auf jüdischen Selbsthaß beruhen. Unmittelbar nach Veröffentlichung seines antijüdischen Buches beging Weininger Selbstmord. Bis 1919 hatte sein Buch *Geschlecht und Charakter* 18 Auflagen erreicht und fand von Skandinavien bis Italien ein aufnahmebereites breites Publikum. Der Erfolg des Buches war sicherlich darauf zurückzuführen, daß ein junger Jude antijüdische Ansichten des einschlägigen Antisemitismus in der Öffentlichkeit vertrat und publizierte, was der allgemein herrschenden Stimmung in der Bevölkerung entgegenkam. Weininger behauptete, der arische Mann verfüge über die Klarheit des Denkens, zeige Entschiedenheit, nur er sei in der Lage, sich zu metaphysischen Höhen seines Glaubens aufzuschwingen, wogegen sowohl den Frauen als auch der jüdischen Rasse diese Eigenschaften fehlen. Da der Jude als Angehöriger einer minderwertigen Rasse zu Höherem nicht in der Lage sei, verkehre er Sexualität in Wollust, was wiederum dem Fehlen höherer Fähigkeiten zugeschrieben wurde. Dem Juden mangele es an Glauben, auch besitze er keine Seele, habe keine Vorstellungen von höheren Ordnungen und unfähig sich in einem Staatswesen einzufinden. Weiningers Ansicht nach regiere die Anarchie in einer Welt ohne Gesetze und Moral. Das „degenerierte Zeitalter", wie er seine Zeit nannte, kenne nur die Korruption und würde durch die Halbwelt verkörpert. Keuschheit sei zugunsten einer unablässigen Pflicht zum Beischlaf verdrängt, ohne jegliche sittlichen Bindungen. Um diesem Zustand ein Ende zu setzen, müsse eine neue Religion begründet werden, die zwischen Judaismus und Christentum, zwischen Geschäft und Kultur, Mann und Frau, Art und Persönlichkeit klar unterscheide.[73] Von einem Juden vorgetragen, erschienen solche Analysen absurd und tragisch zugleich. Mehr noch, Weininger war der Ansicht, daß nur ein Jude die negativen Seiten seiner Rasse erkennen könne. Der Rassismus seiner Theorie stand jedoch im Widerspruch, sein eigenes Jüdisch-Sein zu überwinden. Pikanterweise lag Weiningers Buch in Einklang mit allen fanatischen nichtjüdischen Rassisten und Antisemiten und Hitler selber nutzte Weiningers irrationale Theorie, um seinen eigenen Judenhaß zu untermauern. So hat er dessen Sexualthese übernommen, denn für Hitler verband sich das Bild des kaftantragenden Juden mit Schläfenlocken augenblicklich mit der Vorstellung primitiver Sexualität. In Hitlers *Mein Kampf* lesen wir von dem „lüsternen und lauernden Judenbengel", der an jeder Straßenecke arischen Jungfrauen auflauert um sie zu vergewaltigen. Es ist anzunehmen, daß Weiningers Antisemitismus ihn nicht vor nationalsozialistischer Verfolgung hätte schützen können, falls er das Dritte Reich noch erlebt hätte. Denn für die Nazis zählte alleine der Umstand Jude zu sein, um der Vernichtung zugeführt zu werden.

Der Jude als Objekt des rethorischen und wirklichen Dreinschlagens bot dem triebbeschränkten und in sozialer Hinsicht zu kurz gekommenen Kleinbürger die Gelegenheit, seinen allgemeinen Antihumanitätsaffekt zu enthemmen. In diesem Sinne hat Wilhelm Reich das Gebot der Reinheit von Rasse und Blut als „eine Erscheinung der durch die patriarchalische und privatwirtschaftliche Gesellschaft bedingten Sexualverdrängung und Sexualscheu" gedeutet.[74] Denn die sexuelle Vermischung der herrschenden Klasse mit der beherrschten bedeutete eine Erschütterung der zentralen ideologischen Stützen der Klassengesellschaft im preußischen Wilhelminismus. Somit gesellte sich zu dem rassistischen Faktor noch ein systemstabilisierender hinzu, der die Massen an das Herrschaftssystem binden konnte und die bestehende Klassengesellschaft aufrecht erhielt. Der Nationalsozialismus hat es verstanden, die Vermischungsthese, die sich ursprünglich auf ein imaginäres Gefährdungspotential für die ständische Klassengesellschaft im Wilhelminismus bezog, zu einem generellen universalistischen Daseinskampf auszuweiten, um damit den Mythos von der arischen Volksgemeinschaft zu beleben. Daher mußte die verdrängte Sexualität auf ein imaginäres Feindbild gelenkt werden, dem man unterstellte, durch Vermischung den Bestand der arischen Gesellschaft zu gefährden. Im Dunkel wirrer sexueller Mythen und rassischer Hintertreppentheorien wurde das Fundament eines bestialischen Antisemitismus gelegt und auf dem der Nationalsozialismus seine Weltanschauung und spätere Vernichtungspolitik festlegen konnte.

Die Aufteilung der Gesellschaft in Beherrschende und Beherrschte, verbunden mit einer rassischen Rangordnung, predigte gegen Ende des 19. Jahrhundert der preußische Hofideologie und führender deutsche Historiker Heinrich von Treitschke, welcher befand, daß die Masse immer Masse bleiben müsse und daher keine Kultur ohne „Dienstboten" möglich sei und deshalb „Millionen ackern, schmieden und hobeln müssen, damit einige Tausende forschen, malen und dichten können".[75] Treitschkes Einfluß auf das politische und gesellschaftliche Denken im Hinblick auf den wachsenden Antisemitismus und der Verfestigung antidemokratischer autoritärer Strukturen in jener Zeit war außerordentlich, denn seine Schriften wurden vielfach gelesen und rezepiert. Letzten Endes sind Rassismus und ebenso der Nationalismus projektive Ideologien, welche die soziale Sehnsucht von ihrem eigentlichen Grund wegführen und neutralisieren. Das über Generationen gepflegte Rassemysterium verwandelte den Juden in ein Prinzip des Bösen, des Ashasverus, der für alle Ungleichheiten der Moderne verantwortlich gemacht wurde. In der Legende ist der Ashasverus ein Jude, der Christus zum Kreuz getrieben hat und sich weigerte, ihm Trost zu spenden. Daher ist er dazu verdammt als Heimatloser und Entwurzelter in der Welt umherzuziehen, weder leben oder sterben kann und gefürchtet ist, da er als Vorbote des Schreckens und der Verzweiflung gilt.[76] Eben jener Schrecken, die auch die breite Bevölkerung angesichts der sozialen und wirtschaftlichen Umbrüche in der Moderne fürchteten. Somit wurde das ruhelose Zeitalter und der ruhelose, ewig wandernde Jude, der Ashasverus, welcher in der Welt umherirrt und Unheil stiftet zur Verkörperung einer verzweifelten Modernität. Anstatt diese Ungleichheiten einem aufgeklärten Bewußtsein zuzuführen, wurden sie unter dem Druck des rassisch-völkischen Nationalismus aus dem rassischen Arsenal eines vulgären Sozialdarwinismus abgeleitet und somit jeder kritischen Reflexion entzogen. Daher war es möglich im Bewußtsein ein ausgebeuteter Arbeiter und Kleinbürger zu sein und sich gleichzeitig als Mitglied einer auserwählten Rasse zu fühlen. Im Grunde genommen, Verlierer des kapitalistischen Wettbewerbs zu sein und dennoch einer vermeintliche Elite anzugehören und zumindest in rassischer Hinsicht zum „Adel" der Welt zu zählen. Dieses mittelalterliche Bild vom „bösen Juden", dem mystischen Ashasverus verblaßte nicht im Verlaufe der Jahrhunderte, selbst die Aufklärung konnte es nicht gänzlich beseitigen, es wurde „vielmehr zum Symbol für die Verdammnis des jüdischen Volkes".[77] Gab es den wirren Köpfen der Antisemiten den „ewigen Juden", der stets die übrige Welt in Bedrängnis versetzt, so entsprach dieser Vorstellung auch die Auffassung der historischen „Notwendigkeit" eines „ewigen Antisemitismus". Unbeabsichtigt unterstützt wird diese These von einer einseitigen psychoanalytischen Ursachenerklärung für das Entstehen des Antisemitismus, der die Zwangsläufigkeit von primitiven Abwehrmechanismen und Projektionen von Feindbildern als eine anthropologische Konstante im wissenschaftlichen Diskurs über Rassismus und Antisemitismus einbringt. Hierin liegt die Gefahr, daß die Menschheit um ihrer selbst willen nicht anders kann, als sich den Juden als „ewigen Widersacher" zu konstruieren, vor allem dann, wenn gesellschaftliche oder soziokulturelle Umbrüche die gewohnten Kontinuitäten erschüttern. Anhand dieses mystischen Bildes vom Widersacher des Gewohnten läßt sich der Zusammenhang zwischen dem antisemitischen Stereotyp vom ruhelos wandernden Juden als den ewigen Außenseiter und vermeintlichen „Störenfried" sogenannter arischer Kulturen aufzeigen. Insofern bot sich die Ideologie des „ewig wandernden" Juden in einer Zeit zunehmender Industrialisierung und verwirrender gesellschaftlicher Veränderungen als ein regressives Instrument der Verdrängung eigener Unzulänglichkeiten geradezu an. Gerade in Krisenzeiten verdichten sich Vorurteile und Stereotypen zu geschlossenen Feindbildern, die zur Beförderung bestimmter politischer Absichten durch die Propaganda ins kollektive Bewußtsein transportiert werden. Für den Aufbau und zur Instrumentalisierung solcher Feindbilder „ist immer ein Kristallisationskern von Realität oder von auf allgemeinen Konsens beruhender Überzeugung als Pseudorealität..."notwendig denn, „ein Körnchen Wahrheit solcher Wahrheit muß dem Vorurteil zugrunde liegen, damit es breite Wirkung entfalten kann".[78] Angesichts der Katastrophe, die im Nationalsozialismus über das jüdische Volk hereingebrochen ist und es fast gänzlich vernichtet hätte, erscheint die Theorie vom „ewigen Antisemitismus" - und dies gilt gleichermaßen für jede Art von Fremdenfeindlichkeit - absurder und gefährlicher denn je. Sie dient dazu, den Antisemitismus als Alibi für die größten Verbrechen der Menschheitsgeschichte anzuführen, und der sich letztlich aus der Notwendigkeit psychischer Projektionen für das eigene psychische und personale Überleben herleiten würde. Der Antisemitismus ist nicht mehr, als das was er vorgibt, eine tödliche Gefahr für das jüdische Volk und seine Kultur. [79]

Anmerkungen

1   Edgar Allen Poe: William Wilson

2   Gordon, A. Craig: Über die Deutschen, S. 143

3   Gordon, A. Craig, S.144

4   Moshe Postone: Nationalismus und Antisemitismus Ein theoretischer Versuch, in: Zivilisationsbruch Denken nach Auschwitz, Hrsg.: Dan Diner, S. 245

5   Hierzu ausführlich: Manfred J. Foerster: Bildungsbürger, nationaler Mythos und Untertan

6   Alle Befreiung hängt vom Bewußtsein über die Knechtschaft ab. Das Entstehen dieses Bewußtseins wird durch die Abhängigkeit und manipulative Macht sekundär erweckter Bedürfnisse verhindert. Der kennzeichnende Zug der fortgeschrittenen Industriegesellschaft ist, daß sie diejenigen Bedürfnisse unterdrückt, die nach Befreiung des Individuums verlangen. Eine affirmative Kultur der Entfremdung von Kreativität und Individualität verhindert somit die Emanzipation des Individuums, sich seiner eigenen Kräfte bewußt zu werden. Hierzu ausführlich: Herbert Marcuse: Der eindimensionale Mensch, sowie derselbe: Kultur und Gesellschaft, Band 1

7   Moshe Poston, S. 244

8   Zum Verhältnis von Juden und Deutschen und der „Last" des jüdischen Erfolges in Gesellschaft und Kultur hierzu ausführlich: Fritz Stern: Der Traum vom Frieden und die Versuchung der Macht, S. 123 ff.

9   Manfred J. Foerster: Bildungsbürger, nationaler Mythos und Untertan

10   Bevor die „Endlösung" zur Praxis der nationalsozialistischen Judenverfolgung wurde, las man in den Soldatenbriefen beispielsweise folgendes: „Mögen sie, nämlich die Juden, einen anderen Erdteil mit ihrem Besuch beehren". (Gefreiter Alfred M.. 1.8.1940) Der nationalsozialistischen Losung „Kauft nicht bei Juden" entsprach dieser Brief eines Obergefreiten mit Datum vom 18.1.1939: „[...] Die Läden sind zum Teil wieder geöffnet, so daß man sich etwas kaufen kann. Sie werden zum größten Teil von Juden geführt, und es ekelt einen, wenn man in einen Judenladen kommt [...]" Nach der berüchtigten Wannseekonferenz im Januar 1942, bei der die „Endlösung" beschlossen wurde, tauchten in den Soldatenbriefen entsprechende Ansichten darüber auf, so schrieb am 18.12. 1942 der Feldwebel Eduard E.: „Es gibt nur eines für das Judentum: Vernichtung". Eben so spiegelt sich der Völkermord in Auschwitz in den Briefen einfacher Soldaten wider: „Hier oben sieht man so viele Strafgefangenenlager, die Bauarbeiten und noch so verschiedenes machen. Juden kommen hier, das heißt in Auschwitz, wöchentlich 7-8000 an, die nach kurzem den „Heldentod" sterben. Es ist doch gut, wenn man einmal in der Welt umher kommt". (Soldat S. M., 7.12.1942). Alle Zitate aus: Walter Manoscheck: „Es gibt nur eines für das Judentum: Vernichtung" Das Judenbild in deutschen Soldatenbriefen 1939-1944

11   Theodor W. Adorno: Erziehung nach Auschwitz, in: Stichworte Kritische Modelle 2, S. 85 ff.

12   Auf die psychopathologische „Abspaltung" übernommener Rollen in Bezug auf das Moralverständnis hat der Soziologe Harald Welzer hingewiesen. Hierzu: Täter Wie aus ganz normalen Menschen Massenmörder werden

13   George L. Mosse: Die Geschichte des Rassismus in Europa, S.260

14 W. Adorno: Unmaß für Unmaß in: Minima Moralia Reflexionen aus dem beschädigten Leben, S. 131

15 Hierzu: Detlev Claussen: Nach Auschwitz Ein Essay über die Aktualität Adornos, in: Zivilisationsbruch Denken nach Auschwitz, S.64

16 Moshe Poston, S. 254

17 Saul Friedländer: Kitsch und Tod Der Widerschein des Nazismus, S. 35

18 Vgl.: George. L. Mosse: Die Geschichte des Rassismus in Europa, S. 9

19 Hierzu: Peter Gay: Freud, Juden und andere Deutsche Herren und Opfer in der modernen Kultur, S. 41

20 Peter Gay, S. 41

21 Peter Gay, S. 41

22 Peter Gay, S. 42

23 Manfred J. Foerster: Prophet des Unbewußten, in: Lasten der Vergangenheit Betrachtungen deutscher Traditionslinien zum Nationalsozialismus, London 2006

24 Manfred J. Foerster: Historismus als Gegenwart Richard Wagners Meistersinger und von den Tröstungen des Gestrigen, in: Bildungsbürger nationaler Mythos und Untertan

25 Zitiert in: Rita Thalmann: Das Protokoll der Wannseekonferenz: Vom Antisemitismus zur „Endlösung der Judenfrage", in: Alfred Großer, Hrsg.: Wie war es möglich Die Wirklichkeit des Nationalsozialismus, S. 149

26 Peter Gay, S. 25

27 Friedrich von Schiller: Über die ästhetische Erziehung des Menschen, Band 2, S. 480

28 Mosse, S. 10

29 Mosse, S. 10

30 Mosse, S.77

31 Mosse, S. 77

32 Mosse, S. 78

33 Mosse, S.77 f.

34 Mosse, S. 82

35 Mosse, S. 81

36 Zitiert in: Ernst Simmel: Antisemitismus, S. 58 f.

37 Simmel, S. 89

38 Simmel, S. 60

39 Herbert Marcuse: Der eindimensionale Mensch, S. 27 ff.

40 Zur sozialpsychologischen Situation des Individuums in der modernen Massengesellschaft vgl. hierzu: David Riesmann: Die einsame Masse

41 Marcuse, S. 27

42 Hierzu: Marcuse, S. 41

43 Simmel: Antisemitismus, S. 71

44 Gustave Le Bon: Psychologie der Massen

45 Le Bon, S. 25-26

46 Simmel, S. 72 f.

47 Hierzu: Otto Fenichel: Elemente einer psychoanalytischen Theorie des Antisemitismus, in: Simmel, S. 55

48 Hierzu ausführlich: Hannah Arendt: Elemente und Ursprünge totaler Herrschaft

49 Hierzu ausführlich: Karl Dietrich Bracher : Zeit der Ideologien, S. 13 ff

50 Simmel, S.77

51 Simmel, S. 77

52 Simmel, S.73

53 Hierzu: Simmel, S. 73 ff.

54 Simmel, S.73

55 Hierzu ausführlich: Simmel, S. 58 ff.

56 Hierzu: Sigmund Freud: Massenpsychologie

57 Simmel, S. 72

58 Simmel, S.73

59 Simmel, S. 75

60 Simmel, ebenda

61 Le Bon: Psychologie der Massen, S. 167

62 Hierzu ausführlich: Bracher, S. 57 ff.

63 Bracher, S. 58

64 Bracher, ebenda

65 Hierzu: Mosse

66 Wolfgang Benz: Feindbild und Vorurteil, S.19

67 Benz, ebenda

68 Eugen Dühring: Die Judenfrage als Rasse-, Sitten- und Kulturfrage mit einer weltgeschichtlichen Antwort

69 Friedrich Nietzsche: Die fröhliche Wissenschaft, Band 2, S. 253

70 Helmut Plessner: Die verspätete Nation, S. 105

71 Max Horkheimer/Theodor W. Adorno: Dialektik der Aufklärung, S. 183

72 Alle Zitate: Mosse, S. 133

73 Hierzu: Otto Weininger: Geschlecht und Charakter

74 Wilhelm Reich: Massenpsychologie des Faschismus, S. 127

75 Heinrich von Treitschke: Politik, Band I, S. 150

76   Mosse, S. 149

77   Mosse, S. 149

78   Benz, S. 11 f.

79   Hannah Arendt: Elemente und Ursprünge totaler Herrschaft, S. 38

Literaturverzeichnis

Adorno, Theodor W.: Minima Moralia, Reflexionen aus dem beschädigten Leben, Frankfurt/ Main 1951

Adorno, Theodor W. : Kritische Modelle 2, Frankfurt/Main 1969

Arendt, Hannah: Elemente und Ursprünge totaler Herrschaft Antisemitismus, Imperialismus, totale Herrschaft, München 2005

Benz, Wolfgang: Feindbild und Vorurteil Beiträge über Ausgrenzung und Verfolgung, München 1996

Bracher, Karl Dietrich: Zeit der Ideologien Eine Geschichte politischen Denkens im 20. Jahrhundert, Stuttgart 1982

Chamberlain, Houston Stewart: Die Grundlagen des 19. Jahrhunderts, Volksausgabe, München 1909

Claussen, Detlev: Nach Auschwitz Ein Essay über die Aktualität Adornos, in: Zivilisationsbruch Denken nach Auschwitz, Hrsg.: Dan Diner, Frankfurt/Main 1988

Craig, Gordon A.: Über die Deutschen, München 1982

Diner, Dan: Hrsg.: Zivilisationsbruch Denken nach Auschwitz, Frankfurt/Main 1988

Dühring, Eugen: Die Judenfrage als Rassen-, Sitten- und Kulturfrage mit einer weltgeschicht-lichen Antwort, 1881

Fenichel, Otto: Elemente einer psychoanalytischen Theorie des Antisemitismus, in: Simmel, Hrsg.: Antisemitismus, Frankfurt/Main 2002

Foerster, Manfred J.: Lasten der Vergangenheit, Betrachtungen deutscher Traditionslinien zum Nationalsozialismus, London 2006

Derselbe: Bürgertum nationaler Mythos und Unteran Betrachtungen zur Kultur des Bürgertums, Aachen 2009

Freund, Sigmund: Massenpsychologie 1921

Friedländer, Saul: Kitsch und Kunst Der Widerschein des Nazismus, Frankfurt/Main 1999

Gay, Peter: Freud, Juden und andere Deutsche Herren und Opfer in der modernen Kultur, München 1989

Großer, Alfred Hrsg.: Wie war es möglich Die Wirklichkeit des Nationalsozialismus, München/ Wien 1978

Horkheimer, Max/ Adorno, Theodor W.: Dialektik der Aufklärung, Frankfurt/Main 1969

Le Bon, Gustave: Psychologie der Massen, Stuttgart 1973

Mann, Heinrich: Der Untertan Frankfurt/Main 2004

Mann, Thomas: Betrachtungen eines Unpolitischen, Frankfurt/Main 2004

Manoscheck, Helmut: „Es gibt nur eines für das Judentum: Vernichtung Das Judenbild in deutschen Soldatenbriefen 1939-1944, Hamburg 1995

Marcuse, Herbert: Der eindimensionale Mensch, Neuwied und Berlin 1970

Marcuse, Herbert: Kultur und Gesellschaft, Band 1, Frankfurt/Main 1967

Mosse, George L.: Die Geschichte des Rassismus in Europa, Frankfurt/Main 1990

Nietzsche, Friedrich: Die fröhliche Wissenschaft, Band I

Plessner, Helmut: Die verspätete Nation Über die Verführbarkeit bürgerlichen Geistes, Stuttgart 1959

Poe, Edgar Allen: William Wilson Phantastische Geschichten 1832 -1839

Poston, Moshe: Nationalsozialismus und Antisemitismus Ein theoretischer Versuch, in: Zivilisationsbruch Denken nach Auschwitz, Hrg. Dan Diner, Frankfurt/Main 1988

Reich, Wilhelm: Massenpsychologie des Faschismus, Köln 1971

Riesmann, David: Die einsame Masse, Mit einer Einführung von Helmut Schelsky, Hamburg 1958

Schiller, Friedrich von: Über die ästhetische Erziehung des Menschen, Band 2, München 1976

Simmel, Ernst, Hrsg.: Antisemitismus, Frankfurt/Main 2002

Stern, Fritz: Der Traum vom Frieden und die Versuchung der Macht Deutsche Geschichte im 20. Jahrhundert, München 1999

Treitschke, Heinrich von: Politik Band I, 1897

Weininger, Otto: Geschlecht und Charakter, Wien und Leipzig 1920

Welzer, Harald: Täter Wie aus ganz normalen Menschen Massenmörder werden, Frankfurt/ Main 2006

Prophet des Unbewußten oder Wege des Subjekts in die Welt archetypischer Ungewißheiten

Einleitung

Die Komplexität unserer Postmoderne verlangt nach Reduzierung ihrer Unüberschaubarkeit, die dem einzelnen ohnmächtig gegenüber gesellschaftlichen Normen und Sachzwängen erscheinen und ihn zunehmend von sich entfremden läßt. Im Zuge eines sich rasant verändernden gesellschaftlichen Klimas und unter dem Einfluß einer zunehmenden Singularisierung und eines hedonistischen Subjektivismus erleben das Mystische und Abgründige und der Rekurs auf waltende Schicksalsmächte eine Renaissance, die verheißt, Ordnung in das vermeintliche Chaos zu bringen und von der Last der Komplexität zu befreien. Dem Menschen soll eine neue innengeleitete und archetypisch getönte Sinnhaftigkeit vermittelt werden, die in Aussicht stellt, von den scheinbar unabänderlichen äußeren Zwängen frei zu werden, indem er sich auf seine Innenwelt konzentriert. Die Flut esoterischer Literatur ist unübersehbar und die Beschäftigung mit fernöstlicher Religion, Mystik und esoterisch affizierten Heilmethoden soll die Kraft aufklärerischen Denkens ersetzen, welches sich durch die Geschichte als scheinbar unzureichend erwiesen hat, wenn es darum ging, der Daseinsangst des Menschen zu begegnen. Zugleich wird dem vereinsamten Subjekt abverlangt, für sein Schicksal selber verantwortlich zu sein und dass es sich aus seinen Ängsten und Zwängen befreien kann, wenn es nur die geeignete innere Bereitschaft dazu aufbringt. Die ständigen Rekurse auf die eigenen Traumbilder und psychischen Impressionen verheißen gnostische Selbsterlösung. Sie verweisen auf eine Individualität, die sich ausschließlich aus ihrem inneren Erleben entfaltet und scheinbar frei von sozialen Einbindungen ihre psychosozialen Probleme bewältigt. Losgelöst von seinen biographischen und sozialen Bürden erscheint der Mensch in der Ideologie der Selbsterlösungsverheißungen als ein Wesen, das jederzeit sein Schicksal selber in die Hand zu nehmen imstande ist. Jedoch angesichts der realen Welt und unter den profanen Lasten des Alltages, die dazu tendieren, den Menschen und seine Lebenswelten zu verdinglichen und in der das Subjekt zum Objekt von übermächtigen Institutionen und Marktinteressen reduziert wird, fällt es dem einzelnen schwer, sinnerfüllte Lebenserfahrungen zu machen.

Jene Archetypenlehre des Schweizer Tiefenpsychologen und ehemaligen Freud-Schüler Carl Gustav Jung verspricht Wege zu eröffnen, die dem verunsicherten Subjekt seinen seelischen

Halt sichern. Allzuoft erweist sich solches als Irrweg, da die gesellschaftlichen und biographischen Bedingungen außer acht bleiben. Jenseits von Selbsterfahrung, die in endlosen Reflexionsschleifen auf die traumgleichen Impressionen der Innerlichkeit gerichtet ist und mittels unentwegter Tiefenschürfung in das kollektive Unbewußte, lassen sich die Zwänge der Außenwelt nicht auflösen, die sich in Beruf und selbst bis in das Privatleben hinein, bemerkbar machen. Das, was Apologeten und Anhänger der Jungschen Lehre als Möglichkeit zur Emanzipation verheißen, erweist sich bei näherem Hinsehen als ihr Gegenteil. Oftmals verbleibt nur die Selbstentfremdung des Subjekts in einer archetypischen und mystischen Gegenwelt. Es gilt zu bedenken, dass Jungs Archetypenlehre und alle, die sich auf diese berufen, einer bildhaften Sichtweise anhängen, die aufgrund ihres Erkenntnisgegenstandes zu einem Ausblenden der realen und gesellschaftlichen Realitäten einlädt.

Jungs Archetypenlehre ist allen Selbsterlösungsverheißungen zum Trotz, ein zutiefst autoritärer psychologischer Entwurf, der das Verhältnis von Individuum und Gesellschaft aus der Wirkmächtigkeit archetypischer Instanzen erklären möchte, die als Symbole angeblich höherer, menschheitsgeschichtlicher und prähistorischer Gewalten in die psychischen und sozialen Prozesse von Individuen eingreifen. Ihre Stellung ist die einer unerschütterlichen Autorität unter die sich der Mensch zu beugen hat. Im Angesicht des Nationalsozialismus versuchte Jung diesen in seiner Lesart als unausweichlichen, rassischen Emanzipationsprozeß der germanischen Seele zu rechtfertigen. Ebenso wie der grundsätzlich autoritäre Charakter der Jungschen Psychologie, wird auch deren antisemitischer und rassenspezifischer Aspekt von den Autoren der Wendezeit, die Jungs Archetypenlehre und Psychologie thematisch folgen, verschwiegen. Der Soziologe Heinz Gess vermutet daher zu Recht, dass dem positiven Denken der postmodernen Wendezeittheorien jene restaurativen und faschistoiden Erklärungsmuster zu Grunde liegen, die bei C. G. Jung zu den Kernaussagen seiner Archetypenlehre und Tiefenpsychologie gehören und mit denen er Nationalsozialismus, Rassenpsychologie und Antisemitismus ausdeutete. Dieser grundsätzlich autoritäre und unübersehbare faschistoide Anspruch der Archetypenlehre C. G. Jungs wird indes von seinen Apologeten übergangen oder nicht zur Kenntnis genommen. Jungs durchgängiges Rezept zur Seelen- und Weltheilung ist der Rekurs in die unbewußten Tiefen seiner Archetypen als regressiver psychischer Vorgang. Nach seinem Verständnis von Therapie kann hierüber nur die Ganzwerdung der Persönlichkeit, die er als Individuation benennt, erfolgen. Aufgrund dieser Betrachtungsweise rechtfertigte er den tiefen Fall der deutschen Zivilgesellschaft während des Nationalsozialismus, den er als kollektives Leiden diagnostizierte, welches es erst ermöglicht habe, zukünftig der Welt als Vorbild zu dienen. Da die Deutschen analog einer Neurose unter den Verfehlungen im „Dritten Reich" gelitten haben, sollten sie ihre Kollektivschuld nicht abstreiten, damit sie die Chance erhalten, aus ihren Verfehlungen zu lernen und daran zu reifen, denn ohne den tiefen Fall in das Böse, gebe es nun mal keine seelische Reifung und keine Erweiterung des Horizontes. Die Verbrechen, an denen weite Teile der Bevölkerung mehr oder weniger beteiligt waren, erscheinen in dieser Lesart als notwendige Akte späterer Selbsterkenntnis und Selbstheilung.

Die Archetypenlehre als Voraussetzung zu Jungs Rassenpsychologie und Antisemitismus

„Gegen die Dummheit kann man bekanntlich nichts tun, aber in diesem Falle können die arischen Leute darauf hinweisen, dass mit Freud und Adler spezifisch jüdische Gesichtspunkte öffentlich gepredigt werden, und zwar wie man ebenfalls nachweisen kann, Gesichtspunkte, welche einen wesentlichen Charakter haben. Wenn die Verkündigung dieses jüdischen Evangeliums der Regierung angenehm ist, so ist es halt eben so. Andernfalls ist ja auch die Möglichkeit vorhanden, dass dies der Regierung nicht angenehm wäre...".[1]

Diesen ausgesprochen polemischen Text verfaßte der Schweizer Tiefenpsychologe und Seelenforscher Carl Gustav Jung, ein ehemaliger Lieblingsschüler Sigmund Freuds und dessen vorgesehener Kronprinz, der dazu ausersehen war, die als jüdisch verschriene Psychoanalyse als sogenannter Arier verdachtsfrei zu machen, im Jahre 1934 an den deutschen Kollegen W.M. Kranefeldt, einem überzeugten Nationalsozialisten. Im Wesentlichen ging es darum, sich in die interne Debatte um eine nationalsozialistische Neuorientierung des ehemaligen Karl Abraham-Institus in Berlin einzuschalten, – benannt nach ihrem Gründer dem deutschen jüdischen Psychoanalytiker und Freud-Schüler Karl Abraham –, welches nach dem Willen der Machthaber in ein arisches und „judenreines" psychotherapeutisches Institut umgewandelt werden sollte. Aus rassistischen und vor allem antisemitischen Erwägungen heraus, lag es in deren Absicht, die ethischen Standards einer psychoanalytischen Psychotherapie zu entfernen, wie gleichwohl die jüdischen Psychoanalytiker dort nicht mehr wirken durften, und statt dessen die therapeutische Tätigkeit in den Dienst der Wehrertüchtigung zu stellen. Neben diesem grundsätzlichen Paradigmenwechsel hinsichtlich psychotherapeutischer Aufgaben wurde damit das vorläufige Ende der Psychoanalyse in Deutschland eingeläutet und es sollte lange dauern, ehe sie wieder in der Fachöffentlichkeit Fuß fassen konnte.

Rechtzeitig bei Auftreten des nationalsozialistischen Ungeistes hatte Jung seine eigene Archetypenlehre, die er bis dahin als eine universale und kulturübergreifende psychologische Deutungslehre betrachtet wissen wollte, um damit ihre wissenschaftliche Glaubwürdigkeit zu sichern, mit Hilfe einer historischen Umdeutung des Archetyp Wotan, als ein zutiefst germanisches Phänomen interpretiert. Außerdem verstand er seine Tiefenpsychologie und Archetypenlehre als wahren Sachverwalter der „germanischen Seele", welche in seinen Augen von der jüdischen Psychoanalyse diskreditiert wurde, indem sie „nämlich das kostbarste Geheimnis des germanischen Menschen, seinen schöpferischen ahnungsvollen Seelengrund als kindlich banalen Sumpf erklärt." Ganz im Sinne des neuen völkischen Denkens sah sich Jung veranlaßt, zu behaupten, dass der germanischen Seele eine ungeheuere Wucht und Spannung innewohnt, die schon immer danach drängte, in das Weltgeschehen einzugreifen. Mit dem Auftreten des Nationalsozialismus war nun endlich der Zeitpunkt gekommen, das Unbewußte von der Vorherrschaft eines christlich-jüdischen Überbaues zu befreien und um ein rassistisch kontaminiertes kollektives Unbewußtes zu erweitern. Hoffnungsvoll rechtfertigte Jung den nationalsozialistischen Aufbruch und knüpfte an ihm die Erwartung, dass die germanische Seele sich zu neuem Leben entfalten würde, die lange von der jüdischen Mentalität überformt gewesen sei. Unter dem Einfluß jüdisch-christlicher Lehren sei der wahre Kern des germanischen Menschen verloren gegangen und statt dessen ein falsches Selbst aufgepfropft worden. Die Verschiedenheit der rassischen Germanenseele zur jüdischen, der Jung psychische und kulturelle Minderwertigkeit unterstellte, sei unübersehbar und deswegen könne man sie nicht mit den „jüdischen" Kategorien einer „seelenzerfasernden" Psychoanalyse erfassen. In dezidierter Weise brachte Jung dies in einem Aufsatz zu Beginn des Jahres 1934 im *Zentralblatt für Psychotherapie und ihre Grenzgebiete* mit folgenden Sätzen zum Ausdruck: „Der Jude, als Angehöriger einer etwa dreitausendjährigen Kultur, ist wie der gebildete Chinese in einem weiteren Umkreis psychologisch bewußter als wir [....] Die jüdische Rasse als Ganzes besitzt darum nach meiner Erfahrung ein Unbewußtes, das sich mit dem Arischen nur bedingt vergleichen läßt. Abgesehen von gewissen schöpferischen Individuen ist der Durchschnittsjude schon viel zu bewußt und differenziert, um noch mit den Spannungen einer ungeborenen Zukunft schwanger zu gehen. Das arische Unbewußte hat ein höheres Potential als das jüdische; das ist der Vorteil und Nachteil einer dem Barbarischen noch nicht völlig entfremdeten Jugendlichkeit. Meines Erachtens ist es ein schwerer Fehler der bisherigen medizinischen Psychologie gewesen, dass sie jüdische Kategorien, die nicht einmal für alle Juden verbindlich sind, unbesehen auf den christlichen Germanen und Slawen verwandte. Damit hat sie nämlich das kostbarste Geheimnis des germanischen Menschen, seinen schöpferisch ahnungsvollen Seelengrund als kindlich banalen Sumpf erklärt, während meine warnende Stimme durch Jahrzehnte des Antisemitismus verdächtigt wurde. Die Verdächtigung ist von Freud ausgegangen. Er kannte die germanische Seele nicht, so wie alle seine germanischen Anbeter sie nicht kannten. Hat sie die gewaltige Erscheinung des Nationalsozialismus, auf den eine ganze Welt mit erstaunten Augen blickt, eines Besseren belehrt? Wo war die unerhörte Spannung und Wucht, als es noch keinen Nationalsozialismus gab? Sie lag verborgen in der germanischen Seele, in jenem tiefen Grunde, der alles andere ist als der Kehrichtkübel unerfüllbarer Kinderwünsche und unerledigter Familienressentiments."[2]

Derlei Deutungswissen kommt indes nicht von ungefähr. Von früh an war Jung mystischen und archetypischen Erkenntnisbildern verhaftet. Sie bildeten gleichsam die Grundlage seiner psychischen und wissenschaftlichen Existenz und die sich in ihrer persönlichen Gleichung niemals von den innerpsychischen Impressionen trennen konnte. Im wesentlichen sind die ersten Erfahrungen somnambuler Phänomene bereits in seiner Kindheit aufgetreten und zwar mit einer derartigen Wucht, so dass sie späterhin sein Leben als Denker und Psychologe beeinflußt haben und die dazu führten, dass er den psychischen Impressionen des Unbewußten und vor allem des kollektiven Unbewußten eine weitaus höhere Bedeutung zumaß, als den triebbeherrschenden und kognitiven Fähigkeiten des Ichs. Im Grunde genommen stellt sich seine tiefenpsychologische Konzeption als eine Lehre des Unbewußten dar, die sich in der Präferenz dessen, einer Ich-Psychologie überlegen glaubt. Die frühe Biographie C. G. Jungs liest sich daher wie eine sozialpsychologische Studie zur Vorbereitung späterer, innengeleiteter Erfahrungswelten. Zeitlebens hat er sich nicht von seinen inneren Imaginationen und psychischen Wahrnehmungen befreien können, die ihm eine schützende Gegenwelt zu den bedrohlich erscheinenden Außeneinflüssen errichteten.

Der Schweizer Seelenforscher wurde am 26. Juli 1875 als Sohn des evangelisch-reformierten Pfarrers Dr. Johann Paul Achilles Jung und dessen Ehefrau Emilie, geb. Preiswerk in Kesswill im Kanton Thurgau geboren. Unmittelbar nach seiner Geburt zieht die Familie nach Laufen, einer kleinen Ortschaft gegenüber von Schaffhausen-Neuhausen auf der Schweizer Seite des Rheins. 1879 wird der Vater wiederum versetzt und zwar in den Kanton Basel, dort in einem kleinen Ort namens Klein-Hünningen. Hier spielt sich fortan die weitere Kindheit Carl Gustav Jungs ab. Bis zu seinem Tod im Jahre 1896 hat der Vater die dortige Pfarrstelle inne. Die bedrückende Abgeschiedenheit und enge Provinzialität des elterlichen Pfarrhauses führen dazu, dass sich der Knabe, der kaum über Kontakte zu gleichaltrigen verfügt, sich zu Tieren, Steinen und Pflanzen hingezogen fühlt, wobei ihm diese jedoch letztlich rätselhaft und in ihrer wesentlichen Bedeutung verschlossen bleiben. Dennoch, oder gerade deswegen fühlt er sich von allem Rätselhaften und Geheimnisvollen angezogen und entwickelt eine reichhaltige Phantasie- und Traumwelt. Es verwundert daher nicht, dass er bereits im Kindesalter von Alpträumen und Ängsten heimgesucht wird, die ihn bis ins Somatische berühren. Jungs eigenen Darstellungen zufolge führten seine Eltern keine harmonische Ehe. Die Spannungen zwischen den Eltern bemerkt der Knabe instinktiv, kann aber verständlicherweise zu deren Minderung nichts beitragen. Von Anfang an ist Carl Gustav Jung ein einsamer Mensch, der sich immer mehr nur auf sich selber bezieht und nur seine subjektiven Erfahrungen gelten läßt. Mit seinen Ängsten und einsamen Innenerfahrungen ist er sich selbst überlassen. Seine Mutter, offensichtlich mit seherischen Fähigkeiten ausgestattet, kann ihm keinen Ausweg aus seinen seelischen Nöten eröffnen. Diese bleiben daher für den Knaben unverständlich und numinos, was seinen späteren Hang zu den Phänomenen des Unbewußten und Mystischen zusätzlich verstärkt haben muß. Es ist daher zu vermuten, dass der eigentliche Grund für Jungs psychotisch anmutende Paradoxie, die ihn ein Leben lang begleitete sowie seine Neigung, unbewußten und mystischen Phänomenen psychologisch exklusive Bedeutung zu zumessen und ihnen wissenschaftliche Gültigkeit zu unterstellen, in seiner problematischen Elternbeziehung liegt. Für Jungs Vater, dem öffentlich die Rolle eines evangelischen Landpfarrers und privat die des Pantoffelhelden zufiel, „ist Gott tot". Er vermittelte dem Knaben Carl Gustav nicht nur ein beängstigendes und autoritäres Gottesbild, das sich stets strafend über die Menschen erhebt, sondern darüber hinaus die dröge Strenge und Bilderlosigkeit seiner protestantischen Glaubens- und Religionsausübung, die bei ihm frühzeitig tiefe Auseinandersetzungen mit seinen vitalen Anschauungs- und Erlebnisbedürfnissen auslösten. Jener unlebendige Ernst und die ständigen Zweifel an seiner theologischen Berufung, mit denen Jungs Vater seine Tätigkeit als Landpfarrer ausübte, muß bei Karl Gustav Jung die Vorstellung ausgelöst haben, Religion und Glaube und vor allem die Beziehung des Menschen zu Gott sei eine durchweg pessimistische und lebensfeindliche Angelegenheit, welche Schuldgefühle und Depressionen hervorrufe. Gott und die Religion vermittelte ihm eine existentielle Angst, die nur dadurch zu überwinden sei, indem man sein Leben unter die Herrschaft numinöser Mächte stellte, deren Wirkungsbilder er später als Seelenforscher und Psychotherapeut in der Welt der Archetypen vermutete. Jung lernt daher schon früh, Gott als übermächtigen deus absconditus zu fürchten, was sein Verhältnis zu Autoritäten und bei gegebenen geschichtlichen Anlässen zu magischen Führerpersönlichkeiten zusätzlich beeinflußt haben mag.

Seine Mutter dagegen, eröffnete ihm, durch die geheimnisvolle Aura, die sie umgab, den Zugang zu der bislang verschlossenen Bilder- und Phantasiewelt des Numinösen, Unfaßbaren und schließlich des Unbewußten. Sie hatte, wie schon ihre Eltern, einen ausgeprägten Hang zum Spiritismus. Jung war sich gewiß, dass sie eine zweite Natur besaß, die er als Kind noch unheimlich empfand, die jedoch nur zeitweise zum Vorschein kam und sich in merkwürdigen Weissagungen, die zumeist ihn betrafen, bemerkbar machte. Das Verhalten seiner Mutter drückte sich vor allem in einem scharfen Kontrast zwischen ihrer alltäglichen Rolle als Hausfrau und Mutter aus und den unvermittelt auftretenden, mitunter unheimlichen Attitüden einer geisterhaften Seherin. Diese unvorhersehbaren und plötzlich auftretenden Metamorphosen ihrer Persönlichkeit erweckten in dem Knaben Carl Gustav den Verdacht, seine Mutter müsse aus zwei getrennt lebenden inneren Wesensanteilen bestehen, deren Zusammenwirken er sich nur schwer erklären konnte. In seinen Erinnerungen bemerkt er, dass sie ihm tagsüber als eine warmherzige und sorgende Mutter erschienen sei, nachts dagegen, wenn er sonderbare Laute von ihr vernahm, sei sie ihm unheimlich und beängstigend vorgekommen. Auch dieses Erfahrungsbild trug sicherlich zu seinen späteren dichotomen Denkansätzen bei, die sich insbesondere in seiner Theorie der „Anima" als Archetypus des Weiblichen bemerkbar machten, wie ebenso der ambivalente Charakter seiner Archetypenlehre diese Eigentümlichkeit seines erkenntnistheoretischen Konzeptes widerspiegelt. Der Archetypus der Anima, dem die mütterlichen Erfahrungen zugrunde liegen, wird von Jung einerseits gutmütig, sorgend, hilfreich, Leben spendend, andererseits dagegen als vergiftend, bedrohlich und Leben zerstörend interpretiert. Der ambivalente Charakter des Mutterarchetypus wird von Jung und seinen Anhängern dermaßen auf die Spitze getrieben, weil das Mütterliche mit dem Bild der Erde gleichgesetzt wird, die Leben aus dem biologischen Vorgang des Sterbens und der Verwesung hervorbringt. In Bezug auf das Werden und Vergehen der Natur mag dieses Bild zutreffend sein, jedoch damit die psychologische Dynamik einer mütterlichen Beziehung zu begründen, mutet hingegen spekulativ an. Eher ist anzunehmen, dass das Bild des Weiblichen diejenigen Impressionen widerspiegelt, die Jung durch seine bedrückenden Kindheitserfahrungen von Seiten der mütterlichen Beziehung gewonnen hat und die er als unbewußte Stereotypen und Anteile der männlichen Psyche zur Theorie der Anima ausdeutete.

Carl Gustav Jung war schon als Kind beängstigenden Bildern ausgesetzt, die voll innerer Spannungen und Gegensätzlichkeiten waren, die in seinen Träumen und Phantasien immer wiederkehrten und die seinen späteren Weg als Psychotherapeut und Seelenforscher wesentlich geprägt haben müssen. Seine Kindheit, die in der Regel bei anderen Menschen mit durchweg positiven Erinnerungen besetzt ist, vermittelte ihm eine einsame, dunkelgetönte und ungastliche Welt äußerer Ereignisse. Frühzeitig lernte er daher, den äußeren Bedrohungen durch den ständigen Rekurs auf seine reichhaltige psychische Bilderwelt zu entfliehen. Carl Gustav Jungs erkenntnistheoretischer Weg in die imaginären Untiefen archetypischer Deutungswelten, mit dem er seine empirische Position behauptete, hatte seinen Ursprung in den mystischen und oftmals beängstigenden Innenerfahrungen seiner Kindheitserlebnisse. Hierdurch kristallisierte sich in seinem Wirken als Seelenforscher ein hochsensibles Wahrnehmungssystem heraus, welches in psychologischer und erkenntnisleitender Hinsicht, den seelischen Introspektionen eine weitaus höhere Bedeutung zumaß als allen sozialbiographischen Impressionen der Außenwelt, deren Wirklichkeitsgehalt ausschließlich aus der Kraft innerer Erfahrungen erschlossen wurde.

Jungs erkenntnistheoretisches Fundament basiert infolgedessen auf einer überempfindlichen Beeindruckbarkeit seiner introspektiven Vitalintuitionen, deren psychische Gewalt ihn dermaßen an sein seelisches Innenreich band, so dass er von den Einwirkungen der Außenwelt auf die Ereignisse weitgehend abgeschnürt blieb. Die Gefühlsenergetik, die solche subjektiven Wahrnehmungen bei ihm auslösten, bildete ausschließlich den persönlichen und wissenschaftlichen Maßstab seiner individual- und kollektivpsychologischen Analysen. Daher war sein empirischer Anspruch, den er stets betonte, nicht von denjenigen Begleitemotionen zu trennen, die seinen analytischen Deutungen die Richtung vorgaben.[3] Sich selbst bezeichnete Jung als einen introvertierten Intuitiven, der „sich und sein Leben symbolisch, angepaßt zwar an den inneren und ewigen Sinn des Geschehens, unangepaßt aber an die gegenwärtige tatsächliche Wirklichkeit"[4] macht. Folgerichtig wurde daher die Gefühlsenergetik, die solche inneren Schauerlebnisse bei ihm auslösten, zum persönlichen und wissenschaftlichen Maßstab, den er an sämtlichen Ereignissen der Außenwelt anlegte. Im hohen Alter gab er zu, dass die wirklich bedeutenden Ereignisse in seinem Leben stets seine Imaginationen und inneren Erfahrungen gewesen seien und vor denen die Erfahrungen der äußeren Welt verblaßten. Gelegentlich übersah er jedoch, dass es die Übermacht der von ihm ignorierten Außenwelt war, die seine Wendung nach innen auf sich selbst erzwungen hatte. Der stetige Blick in die eigenen Traumwelten und in die Tiefen angenommener archetypischer Prädispositionen lassen mitunter das wache Bewußtsein ins Taumeln geraten, und hiervon war auch ein so bedeutender Denker und zu der damaligen Zeit anerkannter Psychologe wie C. G. Jung nicht ausgenommen. Vor dem Hintergrund dieses psychischen Wahrnehmungsapparates war es für ihn auch kein Widerspruch, aus der Wucht innerpsychischer Imaginationen archetypische

Zusammenhänge auf politische und sozialpsychologische Ereignisse zu konstruieren, um sich vor deren Bedrohungen für sein Innenleben zu schützen. In Jungs Persönlichkeit fand die klassische Verschiebung äußerer, als bedrohlich empfundener Phänomene in das kollektive Unbewußte statt, um sie von dort aus erklären zu können. Für seine psychologische Theorie hat das zur Folge, dass diesen Phänomenen somit jegliche gesellschaftlichen und individuellen Voraussetzungen abgesprochen werden. Deren immanente reale Bedingungen lösen sich im Nebel psychologischer Spekulationen auf oder unterliegen einem Interpretationsmodus, der sie stets an die Wirkmächtigkeit von Archetypen bindet.

Jungs erkenntnisgebundene Voraussetzung seiner innengeleiteten Psychologie bilden die sogenannten Archetypen, die im Grunde nichts anderes darstellen, als unhistorische und kulturübergreifende und daher ubiquitäre Wirkbilder, die der Schweizer Seelenforscher im kollektiven Unbewußten verortet sieht. Für Jung nehmen sie die Rolle einer zeitüberdauernden und lebensnotwendigen Grundausstattung der menschlichen Psyche ein, da sie durch gegebene Anlässe, wie etwa psychische Krisen, sich in das Unbewußte des Menschen drängen. Sie äußern sich in Bildern, Träumen, Imaginationen und Symbolen und konstellieren sich anhand äußerer Ereignisse in der Psyche des Individuums oder eines Kollektivs, wie dies der Schweizer Tiefenpsychologe vom Erscheinen des Nationalsozialismus behauptet hat, der sich durch den Archetyp Wotan im Bewußtsein des Kollektivs, beziehungsweise in der deutschen Gesellschaft, zum Ausdruck brachte. Jungs Begriff des Archetypus ist mißverständlich und empirisch nicht nachweisbar, da er, wie Jung selber anführt, in seinem Kern verborgen bleibt und sich nur in seinen äußeren Erscheinungsbildern und Symbolen zum Ausdruck bringen läßt. Der entscheidende autoritäre Aspekt des Archetypus erschließt sich aus ihm selber, da er nicht hinterfragbar ist und als autonome Kraft, die einen plötzlich erfassen kann, auf die individuellen und kollektiven Prozesse einwirkt. Archetypen, so Jung, zeigen in bestimmten Situationen ihre numinose Wirkung als höhere Macht, zu der laut Jung auch geschichtliche Ereignisse zählen und deren Ablauf durch sie wesentlich beeinflußt wird. Kraft ihrer Autorität, die Jung behauptet, greifen sie in die äußeren Dinge ein und bestimmen die Art und den Ablauf der Gestaltung, mit einem anscheinenden Vorwissen oder im apriorischen Besitz des Zieles.[5] Das Zusammentreffen historischer oder individueller Ereignisse und ihrer Konstellation durch archetypische Bilder und Phänomene, wie etwa Jungs spätere Ausdeutung des Nationalsozialismus, bezeichnet er als zwangsläufige Synchronizität dieser Ereignisse mit dem Archetypus. Im Falle des Nationalsozialismus war es nach Jungs Auffassung nicht die Geschichte mit ihren spezifischen sozialen und kulturellen Voraussetzungen, welche die

Ereignissen bestimmte, sondern die Ereignisse konstellieren sich im Archetypus Wotan, der letztlich das zum Ausdruck brachte, was lange im Kollektiv unbewußt vorhanden war.

Der Prozeß der Selbstverwirklichung des Individuums oder wie Jung es nennt, die Individuation des Menschen, kann im Gegensatz zur Freudschen Psychoanalyse nur in der Unterwerfung unter archetypischen, bildhaft erscheinenden Gewalten erfolgen. Findet bei Freud die Ich-Werdung in der zunehmenden bewußten Integration verbindlicher Normensysteme statt, die über rationale und emotionale nachvollziehbare Diskurse erfolgen und die sprachlich erschlossen und reflektiert werden können, so gründet sich die Autonomie des Individuums in Jungs Archetypenlehre in der vollständigen Unterwerfung unter subjektunabhängige und transpersonale Gewalten, welche bild- und symbolhaft in Erscheinung treten. Deren Auftreten ist vom Individuum nicht vorhersehbar und infolgedessen auch nicht dem Willen des einzelnen unterworfen. In der Lesart des Schweizer Psychotherapeuten gilt dies vor allem im Hinblick auf kollektive Ereignisse. Tatsächlich bedeutet Selbstständigkeit in der Jungschen Terminologie nur eine andere Form der Unterwerfung unter die ewigen Zwänge übermächtiger Institutionen und kollektiver Gegebenheiten, die unausweichlich über die Menschheit hereinbrechen, so wie der Nationalsozialismus über die Deutschen hereingebrochen ist. In der bildhaften Dominanz der Jungschen Deutung von Phänomenen aller Art, kündigte sich daher der Nationalsozialismus in den unruhigen kollektiven Gesten und Spannungen der Massengesellschaft in der Weimarer Republik an, die sich jedoch einer willentlichen Gestaltung durch den Einfluß des einzelnen und gesellschaftlicher Diskurse entzogen, da sie tief im kollektiven Unbewußten der Deutschen schlummerten. Daher war es einer ausgewählten Führergestalt vorbehalten, so Jung, in einer bestimmten geschichtlichen Situation diese Ängste und Spannungen aufzugreifen, um damit zum Sprachrohr des Kollektivs zu werden. Jeder Rest an Eigenwillen ist daher für Jung störend, da er der Integration des einzelnen unter dem kollektiven Willen geschichtlich im Wege steht und vor allem in erkenntnistheoretischer Hinsicht, seiner Theorie der Synchronizität widersprechen würde, die besagt, dass unter der Wucht des kollektiven Unbewußten individuelle und gesellschaftliche Krisen von archetypischen Konstellationen begleitet und letztlich dominiert werden.

Archetypenlehre und Rassenpsychologie

Von ihrer Konstruktion her, wie sie Jung behauptet, sind die Archetypen undurchsichtige und doppeldeutige Phänomene des kollektiven Unbewußten, die sich in Gestalt von Symbolen und Bildern in das subjektive Erleben drängen und es apriorisch beeinflussen. Hierin liegt ihr autoritärer Wesenszug, der dem Individuum keine Wahlmöglichkeit läßt und es gewissermaßen von innen her fremdbestimmt. Ihre unklare Struktur und die Flexibilität ihrer Erscheinungsbilder und Deutungsinhalte, die an Beliebigkeit erinnern, bilden zugleich die erkenntnistheoretischen Fragwürdigkeiten der Jungschen Archetypenlehre und machen es schwierig, einen zusammenhängenden und überprüfbaren Kontext herzustellen, da Jung seinen Subjektivismus zum wissenschaftlichen Maßstab erhebt. Jungs Auffassung der Archetypen ist handlungs- und motivationstheoretisch angelegt. Sie sind zum einen unbewußte Motivationselemente menschlichen Handelns, die auf ein bestimmtes Ziel hinauslaufen. An anderer Stelle behauptet Jung sie als analoge instinkthafte Verhaltensformen, die den Verdacht nähren, alle menschlichen und kollektiven Verhaltensweisen auf einen archetypischen Biologismus zu reduzieren. Außerdem stellt Jung fest, dass sie nur formale Strukturen ohne Inhalte sind. Einerseits gelten die Archetypen im Sinne statischer und unerschütterlicher Elemente des kollektiven Unbewußten, andererseits sind sie in ihren Erscheinungsformen flexibel, ohne feste Struktur und können je nach der Konstellation individueller und gesellschaftlicher Ereignisse unterschiedlich ausgelegt werden. Sie unterliegen somit der Beliebigkeit subjektiver Wahrnehmung. Es ist aber eine psychologische Tatsache, dass so unterschiedlich wie die Wahrnehmungen sind, auch die wahrgenommenen Zusammenhänge empfunden werden. D.h. sie können immer nur den Status subjektiver Impressionen einnehmen und nicht als wissenschaftliche Theorie gelten. Demzufolge sagen die Deutungen mehr über die psychische Befindlichkeit des Deuters aus, als über den tatsächlichen Sachverhalt, vor allem dann, wenn es sich um kollektive Ereignisse handelt. Nur so wird verständlich, weshalb Jung das Auftreten des Nationalsozialismus als unausweichlichen kollektiven Prozeß ansah, der über die Deutschen hereinbrechen mußte, da er sich auch in diesem Fall von seinen archetypischen Imaginationen und innerseelischen Impressionen leiten ließ. Hinzu kommt, dass die von ihm gedeuteten, übermächtig erscheinenden historischen Umwälzungen für die eigene Person dermaßen bedrohlich wahrgenommen werden und aus eigener Kraft ihnen auch nicht entgegengewirkt werden kann, so dass Jungs einzige Antwort aus diesem psychischen Dilemma nur darin bestehen kann, die Verantwortung höheren Mächten zuzuschreiben.

Das Unbewußte, welches von Freud noch die Funktion eines Reservoirs archaischer Triebe zugesprochen bekam und dessen Inhalte mittels Sublimierung und Verdrängung in soziale und kulturelle Formen transformiert werden sollten und hier durch erst Zivilisation und Ich-Bewußtsein entstehen kann, wurde von C. G. Jung in den untersten prähistorischen Tiefen der Menschheitsgeschichte angesiedelt und dem direkten Zugriff durch ein bewußtes Subjekt entzogen.. Das christlich abendländische Bewußtsein, welches historisch den Weg über den Mythos zur Aufklärung beschritten hatte, und nur einem schmerzhaften und komplizierten Prozeß, sowohl individueller als auch gesellschaftlicher Kräfte zu verdanken ist, wurde von Jung wiederum in mythologische Sphären zurückgewendet. Freud ging von einer grundsätzlichen Evidenz des Unbewußten aus, dessen verborgene Inhalte durch Reflexion, Therapie und Selbsterfahrung hervorgebracht werden können. Jung bestritt nicht nur diese Evidenz kraft eigener Reflexion, sondern er behauptete die Vorherrschaft des Unbewußten stets über das Bewußtsein und stellte somit den Vorrang des reflexiven und bewußten Selbstseins in Abrede. Reflexion ist für Jung nur über den Rekurs in die Tiefen des kollektiven Unbewußten möglich, wo die Archetypen hausen. Bei Freud sollte die Vorherrschaft niederer Triebe des Unbewußten durch die allmähliche Entwicklung des Ich gebrochen werden, durch das erst Kulturleistungen und Vernunft zur Entfaltung gelangen können. Jungs Verständnis des Unbewußten war das eines romantisch-völkischen, wo die rassenspezifischen Eigenheiten, entgegen aller behaupteten Universalität der Archetypen, durchschimmerten und ihre ständige Vorherrschaft über die Macht der Vernunft zur Geltung bringen. In ihm kamen alle archaischen und metaphysischen Phänomene der Menschheitsgeschichte zum Ausdruck, mit dem Anspruch, die Selbstverwirklichung des Individuums nur unter dem Einfluß archetypischer Bilder herbeizuführen. Vor dem Hintergrund dieses psychologischen Konzeptes interpretierte Jung auch historische Ereignisse bereits bei ihrem Heraufdämmern „ganz und gar archaisch–okkult, nach Analogie des prophetischen Tempelschlafs.“[6]

Aufgrund der von Jung behaupteten Synchronizität von individuellen und historischen Ereignissen, die mit dem plötzlichen Auftreten archetypischer Phänomene koinzidierten, vermutete er ein ursacheloses, sinnvolles Angeordnetsein, das auf „die Existenz eines an sich bestehenden Sinns“[7] verweist. Und dieser konnte nach seiner Auffassung in nichts Anderem enthalten sein, als in den Archetypen des kollektiven Unbewußten. Aus Sicht dieses metaphysischen Denkgebäudes, war es für Jung eine historische Selbstverständlichkeit, dass der Nationalsozialismus, ohne einen soziokulturellen, historischen oder politischen Einfluß hervorbrechen konnte, gehörte doch die gewaltige Dynamik, die seiner Bewegung innewohnte, schon immer zur psychischen Ausstattung des germanischen Archetypus, den Jung vor allem durch den alten Sturm- und Brausegott Wotan verkörpert sah.[8] Dieser war infolge der nationalsozialistischen „Revolution", die in Wirklichkeit eine restaurative Wiederbelebung archaischer Urbilder war und die kollektiven Begeisterungstürme, welche diese auslösten, aus seinem Jahrtausende alten Tiefschlaf erwacht und zu neuem Leben erweckt, ohne dass man ihn hätte aufhalten können. In der rastlosen Umtriebigkeit der Jugendbewegung der 20er Jahre des vorigen Jahrhunderts vermeinte Jung sein Wirken zu erkennen und die blonden Jünglinge, bisweilen auch Jungfrauen, die ihm folgten, waren die kollektiven Vorboten einer neuen, stürmischen Zeitenwende. Der Archetyp Wotan, auf den sich Jung berief, ist ein Entfeßler der Leidenschaften und der Kampfbegierde, der die sprichwörtliche germanische berserkerhafte Wucht verkörpert, zudem ein Zauberer und Illusionskünstler und dessen weitreichende Schatten schließlich über den kultischen Nachtweihfeiern der Reichsparteitage und Gedenkveranstaltungen lagen. Infolge des Nationalsozialismus war dieser unruhige Geist gewissermaßen zum Stillstand gebracht worden und marschierte in einer Massenbewegung von jung und alt. Hitler brachte somit im wahrsten Sinne des Wortes ganz Deutschland in Bewegung und produzierte eine Völkerwanderung an Ort und Stelle.

Gewisse Irrationalitäten scheinen, so widersprüchlich es auch klingen mag, einer Gesetzmäßigkeit zu folgen, die dazu führt, dass finstere Zeiten oftmals auch finstere Gedankenwelten hervorbringen, von denen auch mitunter bedeutende Denker nicht verschont bleiben. Jung hingegen übersah das Finstere dieser Epoche, in der er lediglich eine archaische Aufbruchsstimmung auszumachen glaubte und „entdeckte" im Angesicht des Nationalismus die angeblich krankhafte, dem wahren Menschentum entfremdete Natur des Judentums, welche eine Bedrohung für die Kultur und das psychische Wohlergehen des nichtjüdischen, europäischen Menschen darstellte. Als besondere Bedrohung gegen die Macht des germanischen Unbewußten sah er deshalb die Psychoanalyse Sigmund Freuds und des jüdischen Analytikers und Psychotherapeuten Alfred Adlers an, da sie seiner Meinung nach Ausdruck dieser seelischen Krankhaftigkeit war und vorgaben, eben diese seelischen Krankheiten therapieren zu können. Im weiteren werden wir sehen, dass Jung ihr diese Rolle abstreitet, da er der jüdischen Seele völlige Unkenntnis über die „unverdorbene, schöpferische" Fähigkeit der arischen Seele vorwirft, ja sie förmlich verderbe, wenn sie unter seine Einflüsse gerät. Das, was er dem Juden als „zweite Natur" unterstellt, dessen Entwurzelung und Entfremdung, gefährdet die nichtjüdische Kultur und bedroht sie in ihrem ureigenen Bestand. Das Schreckbild, welches Jung vor Augen steht, ist die Vorstellung, dass jene Entfremdung und Entwurzelung auf den nichtjüdischen Menschen übergreift und ihn aus seinem „festen Boden" und von seinem „inneren Fundament" entfernt. Hierdurch würden die europäischen Menschen ihren inneren Halt verlieren und sich in der gesellschaftlichen Masse auflösen.

Und so gehen Jungs Ausdeutungen seiner Archetypenlehre in der Zeit des Nationalsozialismus in Richtung des germanischen Wotan-Archetypus einher mit seinen rassepsychologischen Bekenntnissen und seinen, teils persönlich an Freud adressierten antisemitischen Ausfällen. Dem impliziten Erkenntnisgehalt der Archetypen entsprechend sah er im Nationalsozialismus jene dynamische Kraft, welche die geistig autonomen Naturnormen der Menschheitsgeschichte und insbesondere der germanischen Kultur wiedererweckte und nach jahrhundertelanger Unterdrückung durch kultur- und rassefremde Einflüsse endlich wiederum zum Ausdruck brachte. Jung hatte wiederholt geltend gemacht, dass er seine Psychologie in rassenspezifischer Hinsicht in ihrer kulturellen Verschiedenheit verstand, so, wie er auch der chinesischen Seele eine eigene Psychologie zuordnete, übersah jedoch, dass er hiermit gleichfalls einem psychologischen Antisemitismus das Wort redete oder ihm zumindest in schwierigen Zeiten Vorschub leistete. Dessen ungeachtet bestand seine Auffassung über Psychologie im allgemeinen darin, dass sie immer auch spezifischen rassischen Erkenntnismustern unterliegt, insofern das subjektive Erkennen der psychischen Eigenart zugleich auch der apriorisch begrenzte Gegenstand der Erkenntnis darstellt. Auch hierdurch enthüllte sich sein gänzlich unempirischer Ansatz. Im Gegensatz zur jüdischen Psyche ist es, Jung zufolge, eben das Vorrecht des germanischen Geistes, dass er „voraussetzungslos das Ganze der Schöpfung in seiner unerschöpflichen Mannigfaltigkeit auf sich wirken lasse".[9] Indem Jung dem jüdischen Menschen eine Verschiedenheit seiner Psyche im Gegensatz zur germanischen Seele unterstellt, die er als kulturell höherwertig ansiedelt, enthält sein Rassebegriff durchaus antisemitische Konnotationen, auch wenn er dies immer abgestritten hat. Rasse, zumal die germanische, verbindet sich für ihn mit der Vorstellung von höherwertig, individuiert, rassisch und gesund. Der Jude, dem er einen Rassebegriff abspricht, erscheint für Jung demgegenüber minderwertig, nichtrassisch, nicht individuiert und deshalb instinktschwach. Der Jude ist nach dem Jungschen Schema nicht ein Mensch von besonderer Rasse, sondern ein Mensch ohne Rasse und damit ohne Substanz. Deshalb fehlen ihm alle Voraussetzungen, auf der Basis eines kollektiv gewachsenen Seelengrundes, jene kulturellen schöpferischen Leistungen hervorzubringen, wie sie Jung von der germanischen Seele behauptet. Demzufolge kann im Umkehrschluß die „jüdische Psychoanalyse" auch den Seelenproblemen des germanischen Menschen nicht gerecht werden, da sie aufgrund ihrer impliziten Instinktlosigkeit, das schöpferische Potential der arischen Seele nicht erfaßt. Über dieses schöpferische Potential verfügt die jüdische Seele nicht, da der Jude mangels eigener Kultur, sich über die Jahrhunderte hinweg, so behauptete Jung, lediglich den fremden Gastgeberkulturen angepaßt habe. Seine einzige kulturelle Leistung bestehe in der Fähigkeit zur Assimilation. Für ihn gilt der Jude als Prototyp der Vermischung, als Wesen ohne eigene Wesentlichkeit, ohne Eigenständigkeit und kollektive Identität. Da er über Jahrtausende sich anderen Kulturen angepaßt hat, um zu überleben, ist ihm der eigene Ursprung verloren gegangen. Deshalb fällt er aus der Ordnung kollektiver Identitäten heraus und besitzt keine spezifisch andere Identität. Vielmehr ist er Jung zufolge, die lebendige Verneinung und „Zersetzung" der differentiellen Identitäten. In ähnlicher Weise argumentieren heutzutage auch die neorassistischen Rechten, für die „der Jude" der Hauptfeind und Zersetzer von Kultur schlechthin ist. Jungs Bild über das „typische Jüdische" ist durch eine willkürlich konstruierte Gegensätzlichkeit gezeichnet, die sich als durchgängiges Prinzip seiner Lehre erweist und die ihre zusätzliche Begründung dadurch erfährt, wenn er von der Verschiedenheit der „jüdischen" und „arischen", beziehungsweise „nichtjüdischen Seele" redet. In der jüdischen Seele sieht er die Wurzellosigkeit und den Verlust des Bandes zur „allverbindenden Seele"; das „Dicke des bloßen Materiellen"; heillose Überschätzung des Sexuellen und der Lust, womit er offensichtlich Freuds Triebtheorie meint, Einseitigkeit und Sinnverlust; einen seelenzerstörenden und negativen Intellektualismus, ein altes kollektives Unbewußtes ohne Spannkräfte und schöpferische Potenzen und schließlich von ihrem Gott aufgezwungene abstrakte und „blutleere" Ideale.[10] Mit all diesen Attributen sind sie das Gegenprinzip zu jenem aus den archetypischen Tiefen sich nährenden „germanischen Geist", als dessen Exponent sich Jung selber sieht. Ihm unterstellt er eine formende Kraft, die sich nicht im Materiellen erschöpft, im Gegensatz zur Entwurzelung der jüdischen Seele, die Verwurzelung in der angestammten Erde, eben dieser „allverbindenden Erde", die er im Jüdischen schmerzlich zu vermissen scheint; und nicht zuletzt eine jugendliche Spannkraft und ein zukunftsträchtiges Unbewußtes, das zu ungeahnten Taten fähig sein würde.[11]

Bereits in den zwanziger Jahren des vorigen Jahrhunderts hatte Jung eingewandt, dass der sogenannte „Kulturjude" die angestammten ursprünglichen Verschiedenheiten nicht beachte, auf Vermischung bestehe und hierdurch die angestammte Kultur von innen her zersetze. Im Namen der Bewahrung der „natürlichen" kulturellen Verschiedenheit forderte er indirekt auf zu Segregation und inneren Ausschluß „rassisch" anderer Kulturen oder die er als solche ansah. Mit solcherart rassisch antisemitischen Äußerungen stand der Schweizer Psychotherapeut und Tiefenpsychologe in einer Reihe mit den zahlreichen völkisch-nationalistischen konservativen Denkern vor und während der Weimarer Republik. Bei Jung gilt die Kultur als etwas Angestammtes in Gestalt der Archetypen, die dazu dienen, die Individuen von vorneherein in ein unveränderliches Bestimmtsein ihrer Existenz einzuschließen. Die Archetypen können auch nicht hinterfragt werden, da sie den Ursprung menschlicher Identität ausbilden und die Kultur erst ermöglichen. Da diese wiederum exklusive Instanzen jeweiliger Gesellschaften sind, muß daher Zersetzungsprozessen entgegengewirkt werden, indem die zersetzenden Kräfte, nämlich die Juden, aus dem kulturellen Kontext ausgeschlossen werden. Damit interpretiert C. G. Jung rassistisches Verhalten als natürliche psychische Abwehrreaktion gegen Vermischung und insbesondere gegen das „Kulturjudentum".

Die Behauptung Jungs, dass die Juden keine eigenständige Kultur besäßen und zu ihrer Entfaltung immer eines Wirtsvolkes benötigten, hat ihm wiederholt den Vorwurf des Antisemitismus eingebracht, vor allem auch sicherlich deshalb, da er mit diesen Äußerungen auf einer Linie mit der nationalsozialistischen antijüdischen Propaganda lag. Hierzu wendet Jungs langjährige Mitarbeiterin und enge Vertraute Aniela Jaffé ein, dass er diese Ansicht zwar in Unkenntnis der reichhaltigen jüdischen Kultur getan habe, aber mit dieser Meinung durchaus im allgemeinen gesellschaftlichen Kontext der damaligen Zeit lag, da dieser Stereotyp eine weitverbreitete Ansicht war. Abgesehen davon, dass Jaffés Einwand in sich unschlüssig ist, da der Begriff der „jüdischen Kultur" die Realität nicht wiedergibt, verschleiert sie Jungs inakzeptables Verhalten als Wissenschaftler und Therapeut. In Wirklichkeit handelte es sich ja um Kultur in einem spezifischen Sprachraum unabhängig von der Religionszugehörigkeit ihrer Träger, die aber eben so von jüdischen Bürgern erschaffen wurde, vor allem wenn man an die zahlreichen Künstlern in den darstellenden Kunstgattungen in Musik, Kabarett und Theater denkt. Aber weit mehr als diese naive Verkennung politisch brisanter Themen, hat er immer wieder die Unterschiedlichkeit des Juden zu anderen Rassen betont und damit dem zunehmenden Haß auf die jüdische Bevölkerung Vorschub geleistet. Seine Aufgabe als Arzt und Therapeut wäre Schweigen hierüber gewesen, da sich allein aus berufsethischen Gründen solcherart Wertungen verbieten, abgesehen davon, dass sie wissenschaftlich nicht haltbar sind. Auch wenn ihm zu diesem Zeitpunkt die abgründigsten Konsequenzen solcher Einstellungen nicht bekannt gewesen sein sollten, war jeder Hinweis auf jüdisches Anderssein zu jener Zeit Zündstoff für weiteren Fanatismus und spielte in unverantwortlicher Weise den braunen Machthabern in die Hände. Deren tiefer Antisemitismus und Rassenhaß muß Jung auch bereits während der Weimarer Epoche und in den Anfangsjahren des Regimes bekannt gewesen sein, denn für kritische Geister war solches nicht zu übersehen. Und so kann es geschehen, dass die unreflektierten und spekulativen Abstiege in die archetypische Unterwelt für den einen zur Theorie werden und für die betroffenen Opfer zum Alptraum und zum Resonanzboden für ganz ungeistige Ideologien, die sich in der Zukunft als lebensbedrohlich erweisen sollten.

Für Jaffé sind der Vorwurf des Antisemitismus und die Behauptung, Jung habe sich mit großer Sympathie den Nazis zugewandt und sei insofern ein „Nazi", Legende und würde nicht den tatsächlichen Gegebenheiten entsprechen. Wenngleich letzteres übertrieben erscheint, vor allem, wenn unter „Nazi" ausschließlich Parteigänger gemeint sind, so ist dennoch zu konstatieren, dass der Schweizer Psychotherapeut sich nicht nur den Nationalsozialisten mit seinen fragwürdigen Analysen über die Juden und deren Kulturverständnis angedient hat, sondern dass er ihnen darüber hinaus beredte Argumente lieferte, die von ihnen verhaßte „Jüdische Psychoanalyse" und deren Vertreter aus dem deutschen Sprach- und Kulturraum zu entfernen. Er hat den Nazis keinerlei Beweise geliefert, sie von der Zerstörung der Psychoanalyse und des jüdischen Kultur- und Geistesleben abzuhalten, aber er hat ihnen Kraft seiner Autorität als psychologischer Experte und Vergangenheitsdeuter sehr viele Argumente an die Hand gegeben, sich gegen psychoanalytische Lehren zu wenden und ihre Träger zu vernichten. Insofern war Jung in gewisser Weise ein Zuhälter der Macht, wenn nicht gar des späteren Terrors, wie ihn die Psychoanalytikerin Hedda Herwig genannt hat. Auch nach dem Krieg zeigte er nicht die reflexive Einsicht hinsichtlich der Tragweite seiner damaligen Äußerungen. In einem Gespräch mit dem Rabbiner Leo Baeck, welcher Jung 1946 zur Rede stellte, verteidigte er sich mit dem Hinweis auf die besonderen Verhältnisse im damaligen Deutschland und das Äußerste, was er zugab, war, dass er „ausgerutscht sei". Indes, ein Ausrutscher geschieht in einem unglücklichen Moment und an unglücklicher Stelle, aber er besagt nichts darüber, dass dasjenige, was dem Ausrutscher zugrunde gelegen hat, nicht dennoch für denjenigen, der ausgerutscht ist, richtig war. Zumindest ist Jung eine gewisse Wahlverwandtschaft mit den rassepolitischen Inhalten der nationalsozialistischen Weltanschauungslehre nachzusagen, die auch dazu geführt hat, dass mit seinem Werk Mißbrauch getrieben wurde, obgleich ihm nicht zu unterstellen ist, dass er solches hätte rechtzeitig vorhersehen können. Der chilenische Schriftsteller und Diplomat Miguel Serrano, der ein ausgewiesener Vertreter des chilenischen Neonazismus ist und eine komplette Mythologie des Neonazismus unter dem Titel: *Das goldene Band- Esoterischer Hitlerismus* veröffentlichte, führte ein Gespräch mit C. G. Jung und wurde von diesem, in Bezug auf dieses Gespräch, noch im Jahre 1977 als bedeutender Denker der Postmoderne gelobt. Serrano, der sich selbst zum Hakenkreuz bekennt, ist ein beliebter Vorzeigedichter der chilenischen Neonazi–Szenerie, welcher Hitler in dem besagten Gespräch mit C. G. Jung Hitler unwidersprochen als den Magier bezeichnete, der sich den Mächten der Finsternis gestellt habe.[12] Es ist schwer vorstellbar, dass die Psychoanalyse Freuds in ähnlicher Weise mißbraucht und vereinnahmt werden könnte. Derartige Vereinnahmungen, wie sie mit der Lehre C. G. Jungs geschehen sind, könnten aber durchaus als Hinweis auf deren Reflexionslosigkeit und ihres Schöpfers verstanden werden.

Jung selber versuchte dem Vorwurf des Antisemitismus damit zu begegnen, indem er 1928 schrieb: „ Es ist ein ganz unverzeihlicher Irrtum, wenn wir die Ergebnisse einer jüdischen Psychologie für allgemeingültig halten . Es wird doch niemand einfallen, die chinesische oder indische Psychologie als für uns verbindlich anzunehmen. Der billige Vorwurf des Antisemitismus, den man mir wegen dieser Kritik gemacht hat, ist ebenso unintelligent, wie wenn man mich eines antichinesischen Vorurteils beschuldigte. Gewiß auf einer früheren und tieferen Stufe seelischer Entwicklung, wo es noch unmöglich ist, einen Unterschied zwischen arischer, semitischer, hamitischer und mongolischer Mentalität aufzufinden, haben alle menschlichen Rassen eine gemeinsame Kollektivpsyche. Aber mit dem Einsetzen der Rassendifferenzierung entstehen auch wesentlich Unterschiede in der Kollektivpsyche. Aus diesem Grunde können wir den Geist fremder Rassen nicht in globo in unsere Mentalität übersetzen was aber so und so viele instinktschwache Naturen nicht hindert, indische Philosophie und dergleichen mehr zu affektieren."[13] Schließlich sei daran erinnert, dass Jung in den Jahren 1937 und 1938 eine klammheimliche Distanzierung zu seinen antisemitischen und rassepsychologischen Verlautbarungen in den Jahren davor, versuchte. Er tat dies in bestimmten Briefen an Adressaten wie Hauer, einem nationalsozialistisch gesinnten Religionsphilosophen und Matthias H. Göring, dem nationalsozialistischen Psychotherapeuten und Vetter des Reichsmarschalls Göring, der nach Auflösung des Karl-Abraham-Institutes in Berlin, dessen gleichgeschaltete Nachfolgeeinrichtung übernahm. In diesen Briefen, die nicht zur Veröffentlichung gedacht waren, versuchte Jung sich herauszureden mit Wendungen wie folgenden: er habe sich mit „Rassefragen zu wenig beschäftigt", ihm sei „der Zusammenhang von körperlichen Disposition und psychologischer Eigenart noch zu dunkel". Er könne „manches von dem was Rosenberg" mit seinen rassespezifischen „Behauptungen in seinem Buch Der Mythos des zwanzigsten Jahrhunderts" aufstelle, „mit seinem Namen nicht decken" und werde es „deshalb mit Stillschweigen (!) übergehen".[14] Unschwer ist der Versuch erkennbar, dass hier in weiser Voraussicht kommenden Unheils für die „germanische Rasse" bereits Jungs Entsorgung seiner Vergangenheit beginnt. Ab diesem Zeitpunkt läßt er von den platten rassistischen

Behauptungen ab, unterläßt es aber dennoch nicht von mehr oder weniger geringfügigen individuellen und rassemäßigen Unterschieden zu sprechen. In einem Brief an seinen Schüler Neumann stellt er fest, dass die religiösen Urerfahrungen von Juden und anderen Menschen, ihre archetypische Symbolik und ihre Bildgestalten nicht wesentlich verschieden seien, sondern alle einer „überragenden Menschheitsbedeutung" unterliegen.[15] Für seine Schülerin und enge Vertraute Aniela Jaffé waren diese ungeschickten Relativierungen Anzeichen dafür, den Schweizer Psychotherapeuten vom Vorwurf des Rassismus und des Antisemitismus freizusprechen. Im Lichte einer kritischen Reflexion betrachtet wird jedoch deutlich, dass er nach wie vor von seinen selbstgefertigten Erklärungsmodellen über die Seelen und Kulturen der Menschheit nicht lassen konnte.

Jungs positive Stellungnahme zum Auftreten des Nationalsozialismus fällt bezeichnender Weise mit heftigen antisemitischen Attacken zusammen und einem ausdrücklichen Bekenntnis zur Rassenpsychologie, die zudem auf gänzlich falschen Vorstellungen der Integration von Über-Ich-Strukturen des Kulturprozesses in die Persönlichkeit eines Menschen beruhen, unabhängig davon welcher Religionsgemeinschaft er angehört. Demgegenüber ignoriert Carl Gustav Jung unübersehbare Tatsachen, die kulturgeschichtlich und sozialisationstheoretisch unbestritten sein dürften. Die ubiquitären Wertvorstellungen einer humanen Gesinnung und deren psychische Auswirkungen auf den Charakter von Menschen eines Kulturkanons werden weniger durch die Rassenzugehörigkeit weitergegeben, sondern weitaus verbindlicher und bedeutsamer für die Entwicklung des Individuums sind die Leistungen von Erziehung und Sozialisation, deren Grundformen sich an den verbindlichen, kognitiv-kulturellen Standards derjenigen Gesellschaft orientieren, in denen diese Individuen geboren, aufgewachsen und beheimatet sind. Dies galt gleichfalls auch für die assimilierten Juden in Deutschland und erst recht, für diejenigen die seit Generationen in diesem Land und seiner Kultur gelebt haben, sowie selbstredend auch in den übrigen europäischen Ländern mit ihren jeweiligen Sprach- und Kulturtraditionen. Jungs Begriff der Rassendifferenzierung in Bezug auf die jüdische Bevölkerung ist dagegen eine Fata Morgana, welche die Integrationskraft der Assimilation vollständig übersieht und die ja deswegen zustande kommt, weil die Kultur und die ethischen Standards desjenigen Landes, in der die jüdischen Menschen seit Generationen beheimatet sind, diesen sozialisationsverbindlichen Charakter aufweisen und der im Prinzip für alle Bürger gleichermaßen gilt. Außerdem verkennt sein Begriff der „Rassekultur" die Eigentümlichkeiten kultureller Evolutionsprozesse, die von komplexen, hybriden und teils selbstwidersprüchlichen Symbol- und Semantiksysteme getragen werden und somit zur Ausprägung sowohl spezifischer als auch allgemeinverbindlicher interkultureller Normen- und Wertmuster führen. Darüber hinaus krankt Jungs Definition des „Jüdischen" und das, was er unter dem Begriff der Kollektivseele versteht am Grundsätzlichen. Zum einen sind die Juden keine Rasse, sondern eine Glaubensgemeinschaft und so wenig wie es eine Kollektivseele aller Katholiken in der ganzen Welt gibt, so wenig gibt es eine jüdische Kollektivseele aller Juden, die in der gesamten Welt verstreut leben und sich in ihren Heimatländern assimiliert haben. Zum anderen ist Jungs Begriff der Kollektivseele an sich schon fragwürdig. Empirisch ist es nicht erwiesen, dass es eine solche gibt, und wenn es sie gäbe, dann wäre sie das Produkt einer Vielzahl von sozialisierten Einzelwesen, die über eine gemeinsame Sprache, Kultur und soziale Standards verfügen, aber dennoch unterschiedlichen psychischen Erfahrungen unterliegen und insofern kaum operationalisierbar im Hinblick auf eine monolithische Kategorie wäre. In diesen Verhaltensmustern und soziokulturellen Normen waren die Juden in den europäischen und sonstigen Ländern seit Generationen eingebunden, und ihre soziale und psychische Mentalität unterschied sich im Wesentlichen nicht von denen der übrigen Bevölkerung. Indem aber Jung diese fragwürdigen, sozialdarwinistischen Kategorien zur Absicherung seiner Tiefenpsychologie gegen die „jüdische" Psychoanalyse benutzt, bedient er sich der gleichen Rassenideologien wie sie die Nationalsozialisten zur Grundlage ihres späteren Vernichtungsprogramms verwendet haben. Auch seine Attacke gegen die „jüdische Psychoanalyse" geht ins Leere, da man schlechterdings nicht von einer jüdischen Psychoanalyse oder Psychologie reden kann, da es sie nicht gibt. Die „ES- Ich- Über-Ich-Theorie" Freuds beruht, neben ihren biologistischen Voraussetzungen des menschlichen Triebapparates, auf der Entwicklung und Integration kultureller Normen, die im Zuge des monotheistischen Gottesverständnis über die Generationen entstanden und in jeder christlich abendländischen Gesellschaft anzutreffen sind und deren kognitiv-kulturellen Verhaltensmuster ausbilden. Insofern treffen wir in den Kernaussagen der Psychoanalyse auf jene soziokulturellen Implikationen, die für alle individuellen Sozialisations- und Erziehungsprozesses verbindlich sind und nicht einer spezifisch jüdischen Mentalität geschuldet sind. Wenn Jung die Psychoanalyse als „jüdische Seelenlehre" mit ihren überwiegend jüdischen Vertretern gleichsetzt, so konnte er dies nur in polemischer Absicht tun. Alle jüdischen Analytiker und Theoretiker der ersten Stunde waren, wie Freud selber, assimilierte österreichische, deutsche und ungarische Bürger jüdischen Glaubens. Sie verstanden sich als Bürger ihrer Herkunftsländer und tief verwurzelt mit deren Traditionen. Insofern kann von einer jüdisch-rassischen Kollektivseele keine Rede sein, es sei denn, man unternimmt eine Wertung in eine höhere und

in eine mindere seelische Qualität, wie dies die Rassenlehre betreibt. Eben diese psychologisch fragwürdigen Qualifizierungen hat der Schweizer Psychotherapeut und Denker archetypischer Unterwelten schon 1928 vorgenommen und damit die diskriminierende Rassentheorie
der Nationalsozialisten psychologisch zu begründen versucht. In Folge war Jung emsig darum
bemüht, seine Auffassung von einer höherwertigen germanisch-arischen Kollektivseele, die
eine spezielle Psychologie benötigt, dadurch zu retten, indem er eine willkürliche Trennungslinie zur angeblichen Existenz einer sogenannten jüdischen Psychologie herstellte, der er
einen minderen Erkenntniswert anzuheften versuchte und der er gegenüber der nichtjüdischen
Psychologie einen höheren Stellenwert zusprach.

Jungs Ausdeutungen des Nationalsozialismus

Im Oktober 1938 ersucht der bekannte amerikanische Journalist H. R. Knickerbocker in
Küsnacht am Züricher See, dem Wohnsitz von Carl Gustav Jung diesen um ein Interview für
die Januar Ausgabe 1939 des *„Hearst`s International Cosmopolitan“*. Es geschieht in dem
gleichen Jahr, in dem Hitler Österreich besetzt und den Anschluß seines Heimatlandes an das
Deutsche Reich verkündet. Überdies liegt über beiden Gesprächspartnern die bedrückende
Tatsache, dass Hitler zuvor die Sudetenkrise in dem ominösen Münchener Abkommen vom
29. September 1938 unter massivem politischen Druck, verbunden mit unverhohlenen
Kriegsdrohungen in seinem Sinne zum vorläufigen Abschluß gebracht hatte. Jung beschreibt,
angesichts der zusätzlichen Aufwertung durch das Ausland und der wachsenden Popularität
die Hitler durch die deutsche Bevölkerung erfuhr, den deutschen Diktator als eine Art
Schamane oder Medizinmann, der das Unbewußte der Deutschen widerspiegelt. Für sich
alleine genommen sei er eine unbedeutende Figur, aber er spreche überlaut aus, was das
deutsche Volk unbewußt von ihm erwarte. Insofern sei der Mann aus dem österreichischen
Waldviertel eine magische Größe, der die unbewußt verlaufenen Projektionsvorgänge
zwischen sich und der Masse in ein politisches Programm transformiere. Damit sei er zu einer
Art Messias hochstilisiert worden durch den der Archetyp Wotan jene Bedeutung wiederer-
langt habe, die er infolge einer jahrhundertelangen Überformung der germanischen Seele
verlustig gegangen war. Als Privatperson sei er verhältnismäßig unbedeutend, aber als
Politiker mit magischen Gaben ausgestattet, die er im Interesse des deutschen Volkes einzusetzen weiß. Auf die Frage, wie es mit Hitlers Stellung zur Frau und zur Ehe stehe, gab Jung
zu bedenken, dass er nicht heiraten kann, seine wirkliche, einzige Leidenschaft sei natürlich

Deutschland. Eine solche Nation ist, einschließlich ihres Führers, im Grunde ein Monstrum; jeder sollte das schreckliche Wesen fürchten, denn „Große Nationen bedeuten große Katastrophen "[16] Während des Gespräches läutete das Telefon. Am anderen Ende der Leitung meldet sich ein Patient und schreit, ein Hurrikan drohe ihn aus dem Schlafzimmer zu fegen. Jung beruhigt ihn mit den Worten: „Legen Sie sich auf den Fußboden und Sie werden sicher sein"[17] Knickerbocker stellt fest, dass der weise Doktor vom Züricher See dem Patienten den gleichen Rat erteilt, wie dem in Kriegsangst befindlichen Europa. Ein Jahr später hat sich der Hurrikan zu einem beispiellosen Vernichtungskrieg über Europa ausgeweitet und an den Grundfesten der europäischen Demokratien gerüttelt.

Die Ursachen des Nationalsozialismus sah Jung ausschließlich durch die numinose Macht der Archetypen bedingt, die schließlich zu einem dieser Ausbrüche des kollektiven Unbewußten führte und von denen die übrige Welt mehr als nur erstaunt war. Jung sah darin ein unabänderliches Gesetz, welches auch einen Führer hervorbringt, der seine Legitimation durch die Symptome einer Massenbewegung erhält. Für Jung war daher die Tatsache, dass sich ein ganzes Volk von einem Führer dermaßen ergreifen läßt, dass sich alles in Bewegung setzt und „ins gefährliche Rutschen gerät", weniger eine Sache generationenlanger autoritätshöriger und entmündigender Erziehung und kollektiver Inferiorität, kompensiert durch nationalen Größenwahn, als vielmehr das unvermeidliche Ergebnis archetypischer Konstellationen, die mit geschichtlichen Ereignissen zusammentrafen. Und dies alles wurde in seinen Augen durch das Wiedererwachen des alten Sturm- und Brausegottes Wotan ausgelöst. Dieser brachte eine ganze Nation dazu, sich Hitler und seiner Bewegung an den Hals zu werfen.

In Anbetracht des wütenden und berserkerhaft auftretenden Archetypus Wotan, den er in der nationalsozialistischen Bewegung vermeinte zu erkennen und der seiner Meinung nach ein naturhaftes menschliches Prinzip der germanischen Seele vertritt, welches durch die Überlagerung durch den jüdischen Christengott seiner wirklichen Bestimmung beraubt wurde, sah Jung in der Person Hitlers die Inkarnation dieses archetypischen Prinzips. Dieses hatte Hitler ergriffen und durch ihn ließ sich eine ganze Bevölkerung in beängstigender Weise ergreifen. Hinter dem Archetyp Wotan verbirgt sich in Wahrheit der Gott der jüdischen Bibel, der alttestamentarische Demiurg.[18] Alles das, was Jung selber an Gott erlebt hat und woran er als Mensch verzweifelte, seinen imaginären Zorn, seine Rache und Unberechenbarkeit und dessen schreckhafte Unergründlichkeit, denen er bereits in Kindertagen in seinem Gottesbild ausgesetzt war, transformiert er als das historisch altvertraute und gefürchtete Übel in Gestalt des Ju-

dengottes. Für ihn ist Gott das Numinose schlechthin, welches aus einer Mischung von Er-
schrecktwerden und Geheimnisvollem besteht und gleichzeitig etwas dauerhaft Unergründli-
ches darstellt, was offenbar eine faszinierende Anziehungskraft auf den Menschen ausübt. In
seinem Gottesverständnis spiegelt sich in ähnlicher Weise jene Kontrastharmonie wider, die er
gleichfalls seinen Archetypen unterstellt. So wie Jungs Gottesverständnis das religiöse Erleben
auf das Empfinden von Willkürlichkeit reduziert, reduzieren die Archetypen, sofern man ihnen
psychische Qualitäten unterstellt, auch psychisches Empfinden auf die Willkürlichkeit mittels
einer subjektiven Zufälligkeit ihrer Deutungsbotschaften, mit denen sie ihre Zielsetzungen
mitteilen. Und so wie sich die Archetypen in ihren widersprüchlichen Erscheinungsbildern dem
Menschen offenbaren, so erscheint der jüdische Gott dem Menschen unheimlich, zersetzend
und zerstörerisch und vor allem willkürlich. Willkürlichkeit bedeutet im Kontext Jungscher
Deutungsmuster aber diesen Mächten ausgeliefert zu sein, worin sich bereits der antiemanzipa-
torische Charakter seiner Psychologie enthüllt. Zugleich impliziert diese Deutung sein stets
bemühtes Vorurteil über den von ihm so bezeichneten „jüdischen Charakter", der gemäß der
Willkür seines Gottes, in dessen Abhängigkeit verbleibt und deshalb nicht zuletzt unfähig zu
jenen Kulturleistungen ist, wie sie die nichtjüdischen „Rassen" hervorbringen. So wie der Jude
in der Abhängigkeit seines willkürlichen Gottes bleibt, kann er, laut Jung, auch nur durch die
Partizipation fremder Kulturen seinen Charakter behaupten.

Jungs Auseinandersetzung mit dem Gottesbild setzt an der Frage an, wie Gott das Übel in der
Welt rechtfertigt, wo er doch allmächtig ist, es zu verhindern. In seiner Streitschrift *Antwort
auf Hiob* versucht er diesen Gott im Sinne einer primitiven und amoralischen Instanz zu
deuten, welcher seiner eigenen Schöpfung mißtraut und der gegenüber der einzelne nur die
Chance zur restlosen Unterwerfung besitzt. Unmißverständlich tritt uns in dieser Streitschrift
Jungs Gottesverständnis in der subjektiven Wahrnehmung einer autoritären Instanz entgegen,
die ohne jeden Einfluß des Menschen über diesen richtet. Gott wird nicht als lebendiger
Ausdruck einer gläubigen Gemeinde verstanden, die für ihr Gottesbild verantwortlich ist,
sondern als ein fremdes, unnahbares Wesen, vor dem der Mensch sich in ähnlicher Weise zu
fürchten hat, wie vor der Numinosität der Archetypen, die geschichtliche Ereignisse konstellieren. In *Antwort auf Hiob,* bekennt sich Jung zu dem Prinzip, biblische Texte als Äußerungen der Seele zu verstehen. So räumt Gott ein, dass er maßlos in seinen Emotionen ist und
eben an dieser Maßlosigkeit leidet. Eifersucht auf den Menschen und zugleich Zorn verzehren
ihn. Den Menschen stellt er auf die Probe, ob dessen Verführbarkeit, obwohl sein Anspruch
darin besteht, um die grundsätzliche Verführbarkeit und den Sündenfall des Menschen zu

wissen. Der germanische Gott Wotan und der jüdische Gott des übermächtigen Demiurgen sind in der Lesart und Symbolik archetypischer Interpretationen nichts anderes als unterschiedliche Manifestationen des kollektiven Unbewußten. In den Archetypen des kollektiven Unbewußten sieht Jung, neben allen archaischen und prähistorischen Wirkbildern empirisch erfaßbare Ausdrucksformen des Göttlichen. Nur so wird letztlich verständlich, aus welchen Gründen er den Nationalsozialismus als Inkarnation der germanischen Gottheit Wotan ausdeutete. Wie sehr Jung die Synonymität von Gott und Unbewußten fortwebte, zeigt sich darin, dass diese Ununterscheidbarkeit nicht nur in theoretischer Hinsicht für seine Archetypenlehre bedeutsam war, sondern auch und gerade im Zusammenhang mit ihrer psychotherapeutischen und praktischen Anwendung. So wie der rachsüchtige Demiurg über Hiob und den Menschen kommt, so kommt der Nationalsozialismus durch das Wiedererwachen der archetypischen Gottheit Wotan über den germanischen Menschen und schließlich über die Menschheit im Ganzen.

Zwischen 1933 bis 1939 gilt für Jung alles, was mit dem Aufbruch des Wotanarchetypus zu tun hat, als das „unüberhörbare Raunen der deutschen Seele", die in Hitler ihren Lautsprecher fand, der dasjenige, was Millionen ersehnten, zum Ausdruck brachte. Lakonisch stellte er 1934 fest, dass der Totalitätsanspruch des nationalsozialistischen Staates nur „historisch konsequent" und ohnehin nur „ein lahmer und zahmer Ausläufer einer früher wesentlich strammeren und handgreiflicheren Gleichschaltung"[19]ist. 1939 gar verstieg er sich zu der Feststellung, vermutlich deutlich beeindruckt von den außenpolitischen Erfolgen des Regimes, dass Hitler ein wahrer „Prophet" und „Führer" sei, der in die Kategorie des echten mystischen Medizinmannes gehört und dessen Macht nicht politisch, sondern magischer Natur ist, die ihn dazu befähigt, „aufmerksam auf einen Strom von Eingebungen" zu lauschen, die eine Flüsterstimme aus einer verborgenen Quelle gibt". Für Jung stand Hitler „unter dem Befehl einer höheren Macht, einer Macht in seinem Inneren", die nichts anderes ist, als die Stimme des Kollektivs.[20] Mit solchen Worten sicherte Jung den herrschenden Führerkult psychologisch ab und beteiligte sich höchstpersönlich am falschen Mythos der Einheit von Führer und Volk. In den Begriffen seiner Lehre sah Jung offensichtlich Hitler als Individuation archetypischer Kräfte im kollektiven Unbewußten der Deutschen.

In einem Rundfunkinterview im Juli 1933, welches er mit dem Jungianer Adolf Weizsäcker bestritt, wurde er der Hörerschaft als den bekannten Züricher Psychologen vorgestellt, der der zersetzenden Psychoanalyse Sigmund Freuds seine aufbauende Seelenlehre entgegengestellt hat. Auf die Frage nach der Idee des Führertums angesprochen, gab Jung zu Bedenken, dass wir gegenwärtig in einer Zeit der Völkerwanderung leben, aber diese verlaufe innerlich in der Seele des Volkes, dass sich in einer Art Völkerverwandlung bewege in Zeiten der Massenbewegung, die auch immer Zeiten des Führertums sind. Der Führer, der an der Spitze dieser Bewegung steht, verkörpert zugleich deren Sinn und Ziel. Er ist die Inkarnation der Volksseele und ihr Sprachrohr. Der deutschen Bevölkerung kommt zugute, dass sie im Gegensatz zu den westeuropäischen Völkern voller Jugendlichkeit und Aufbruchsstimmung ist, da ihre Geschichte verhältnismäßig neu ist und nicht auf jene Traditionen zurückblicken kann, wie die übrigen Nationen.

Dieses und ähnlich lautende apologetische Sympathiekundgebungen C. G. Jungs für den Nationalsozialismus waren Anlaß genug für den deutschen Psychoanalytiker John F. Rittmeister darüber zu lästern, wie sehr sich Jung mit einem „eleganten Sprung im Rampenlicht des politischen Theaters, im Kampf gegen die Herrschaft der Vernunft" und gegen die vermeintlich „jüdische" Lehre der Psychoanalyse eingefunden und wo man ihn an der Front der dunkel Ahnenden „im Kampf gegen die zersetzende Vernunft" lange erwartet hatte.[21] Dies war um so erstaunlicher, als dass Jung stets das Unpolitische seiner Psychologie betont und das systemimmanente Reaktionäre seiner Lehre vom kollektiven Unbewußten geflissentlich übersehen hatte.

Bis in die jüngsten Tage herrscht in Fachkreisen Uneinigkeit darüber, ob durch Jungs Anbiederung an den Nationalsozialismus und seine positiv gestimmten psychologischen Begründungen zu dieser kollektiven Bewegung, seine verborgene faschistoide Gesinnung zum Vorschein gekommen ist oder ob die stromlinienförmige Anpassung seiner psychologischen Lehre in der Konnotation nationalsozialistischer Lesart in Wirklichkeit der späte symbolische Vatermord an seinen Übervater Freud war. Für das erstere würde der Umstand sprechen, dass C. G. Jung von je her eine gewisse Schwäche für autoritäre Personen hatte. So war er zeitweise nicht nur ein Bewunderer des deutschen Diktators, sondern mit ähnlicher Sympathie bedacht, fand Mussolini seine unverhohlene Zustimmung. Mehr noch, seine schier grenzenlose Bewunderung für Hitler, brachte ihn dazu, in dem Diktator „ein geistige Gefäß" und mit dem Blick eines „wahren Sehers" ausgestattet, zu vermuten. Eine historische Größe und Sprachrohr der deutschen Seele zugleich.[22] In beiden, Mussolini und Hitler, sah er die Verkörperung der kollektiven Sehnsucht nach einer starken Führung, was seiner persönlichen Gleichung, psychische Ereignisse archetypischen Mächten anzuvertrauen, sehr entgegenkam.

Und sicherlich mögen seine frühen negativen Autoritätserfahrungen mit dazu beigetragen haben, dass er im Sinne einer Identifikation mit dem übermächtigen Aggressor, hoffte seinen psychischen Gleichklang mit totalitären Systemen zu finden. Ungeachtet dessen, ob kryptofaschistoide Geisteshaltung oder symbolischer Vatermord, beides zeugte indes gleichermaßen von einer, für einen ausgewiesenen Seelenkenner, mehr als fragwürdigen Gesinnung und kleinkrämerischem Vergeltungswillen, da er den braunen Machthabern beredte Argumente lieferte, die verhaßte Psychoanalyse aus dem öffentlichen Diskurs zu verbannen. Auch die späteren Relativierungen, die Jung seinem Engagement als Psychologe und Sinndeuter des Nationalsozialismus zukommen ließen, konnten nicht so recht überzeugen und seine mehr als zwiespältige Rolle im Dritten Reich entsorgen helfen. So geriet das Bedauern gegenüber Leo Beack über seinen „Ausrutscher" während des Nationalsozialismus zu einer kraftlosen Entschuldigung und Verdrängung seiner wirklichen Verantwortung über das, was er im Angesicht des Nationalsozialismus geäußert hatte. Selbst in Kenntnis der Massenvernichtung, war er nicht davon abzubringen, auch diese Tatsache nur unter archetypischen Konstellationen zu interpretieren und damit die Anteile der wahren Verursacher am Völkermord zu relativieren, indem er meinte: „so wahr es Buchenwald gibt, gibt es Dämonen."

Aber der Schweizer Seelenforscher interpretiert nicht nur in beflissener Rückwärtsgewandtheit historische Ereignisse aus den archaischen Untiefen scheinbar archetypischer Gewißheiten, sondern indem er derartige historische Prozesse in solcher Wiese interpretiert, schreibt er deren Notwendigkeit und gesellschaftspolitische Bedeutung für die Zukunft fest. Auf ihn trifft daher zu, was Ernst Bloch meint, wenn er sagt, dass ein tiefer Blick sich darin bewährt, dass er doppelt abgründig wird. Nämlich nicht nur nach unten, sondern auch auf das Zukünftige gerichtet, da sie das Abgründige von unten in sich auf nimmt und hierdurch die Gewalt und das Ausmaß zukünftiger Ereignisse zu rechtfertigen sucht.[23]

Romantische Grundlinien der Jungschen Tiefenpsychologie

Carl Gustav Jung, von Freud als dessen Nachfolger ausersehen, brach 1921 endgültig mit den Auffassungen der Freudschen Psychoanalyse und mit dessen Begründer. Nachdem ihm schon lange Zweifel sowohl an den theoretischen Voraussetzungen als auch an dem Erkenntnisgegenstand der menschlichen Triebstruktur überkommen waren und er sich mehr und mehr von seinem Lehrmeister und „Übervater" distanzierte, wurde der endgültige Bruch mit seinem aufsehenerregenden Buch *Wandlungen und Symbole der Libido* vollzogen. Hier beschritt nun der Schweizer Psychotherapeut gänzlich andere Erkenntniswege als sein jahrelanges Vorbild. Entgegen der Auffassung Freuds, dass die Libido in ihrer Komplexität ausschließlich aus der Triebenergie des Menschen gespeist wird, entschied sich Jung dafür, sie an vielfältigen kulturellen Symbolen und archetypischen Erscheinungen festzumachen. Im Großen und Ganzen handelt es sich hierbei um ein schwer verständliches Werk, welches den Leser vor einer Fülle von literarischen und theoretischen Querverweisen stellt, die nicht immer leicht nachzuvollziehen sind und auch deren inhaltlichen Zusammenhänge, die Jung feststellt oftmals unklar bleiben. Dennoch lassen sich hier bereits die Anfänge dessen erkennen, was bald darauf Jungs Konzept vom kollektiven Unbewußten und den Archetypen werden sollte Zudem zeichnet sich hier bereits der erkenntnistheoretische Quantensprung ab, der eigentlich ein Sprung ins Rückwärtige ist, nämlich von einer emanzipatorischen Lehre, wie sie aufgrund ihrer Vernunftorientierung und Präferenz des bewußten Ichs durch Sigmund Freud entfaltet wurde, zu einer Psychologie übermächtiger Wirkungsbilder, die das Individuum in ihren Diensten stellt. *Wandlungen und Symbole der Libido* trägt Jungs Hang zum Mystischen, zu fernen Religionen und Mythen vollends Rechnung. Der Leser sieht sich konfrontiert mit einer Fülle an Material, was den Zugang zu dieser komplizierten und überfrachteten Lehre außerordentlich erschwert. So stürzt eine Lawine von gelehrten Hinweisen auf die Bibel, den Gilgamesch-Epos, die Odyssee, auf Dichter und Philosophen wie Nietzsche und Goethe über den Leser, der Gefahr läuft, die Übersicht zu verlieren, um den teils literarischen, mythologischen und den sich hieran anschließenden psychologischen Deutungen zu folgen. Hierin wird besonders Jungs Weg deutlich, seine Tiefenpsychologie mehr und mehr in die Sphären von Metaphysik, Esoterik und kollektiver Mystik zu verorten und somit biographische und soziokulturelle Facetten außen vorzulassen, um sie einer kritischen Analyse von individual- und zeitgeschichtlichen Phänomenen vorzuenthalten. Indem er die geheimnisvolle Welt der Archetypen im Zentrum des psychischen Diskurses stellt, leugnet er die Verantwortung der Vernunft und deren Sublimierungskraft, die sich in einer selbstverantworteten Identität niederschlagen würde.

Seine Tiefenpsychologie weist darüber hinaus starke Bezüge zu philosophischen Theorien auf, deren Zuordnung zu einer bestimmten Philosophie durch die Vielzahl an Denkern, denen sich Jung verpflichtet sah, erschwert wird. Jungs Psychologie und insbesondere seine, in empirischer Hinsicht zweifelhafte Archetypenlehre sind durchzogen von Schablonen metaphysischer und romantischer Theorien, die aber von ihm nicht zu einem stringenten und systematischen Konzept zusammengefaßt werden. Jung interessiert hier offenbar nur die

Frage nach den unbewußten Wirkkräften im Subjekt, die, so könnte man vermuten, schicksalhafte Gewalt auf die Psyche des Menschen ausüben. So haben vor allem die mystische Gnosis Jacob Boehms, Elemente chinesischer und indischer Alchemie, sowie die geschichtsspekulativen Ideen Nietzsches, Schellings, Johann Jacob Bachofens, Eduart von Hartmanns, Carus u. a. die Grundlinien seiner Tiefenpsychologie beeinflußt.[24]

Jungs komplexe Archetypenlehre und Psychologie schließt in konsequenter Fortführung romantisch-ideeller Denkweisen an die Entwürfe romantischer Theorien des Unbewußten an. Schopenhauers düsteres Gemälde der Welt fand ebenso seine Zustimmung wie die Einsichten des Baseler Patriziers und Mutterrechtstheoretikers Johann Jacob Bachofen. Das Denken in den gebildeten Kreisen, vornehmlich in Basel, war von der Auseinandersetzung zwischen dem Fortschrittsglauben eines naturwissenschaftlich gebundenen Positivismus und einer weitverbreiteten romantischen Skepsis gegen den modernen Zeitgeist geprägt. Ohne dass der Schweizer Seelenforscher sich an einer bestimmten Philosophie gebunden fühlte, haben die romantischen Ideenwelten im Zeitalter des Historismus dennoch sein Leben und Denken wesentlich beeinflußt. Ihre Vorstellung von der grundsätzlichen Einheit von Menschlichem und Göttlichem, von Endlichem und Unendlichem, von Subjekt und kollektivem Bewußtsein, von Notwendigem und Zufälligem, die sich in einer gegebenen Koinzidenz zusammenfinden und welche den systematischen Kern der romantischen Theorien der Subjektivität darstellen, bildeten bei Jung die Basis seines psychologischen Denkens. Allen ist jedoch gemeinsam, dass sie durchweg der Gegenaufklärung zuzuordnen sind und von daher eine vernunftskeptische Haltung einnehmen und dem Geist und der Ratio widersprechen. Sie standen der Vorherrschaft des Bewußtseins in der Weise distanziert gegenüber, als dass sie ihre Rolle für die Entfaltung der Identität grundsätzlich anerkannt hätten, wie es der Baseler Mediziner J. G. Carus 1846 formulierte: „ Unser bewußter Geist kann ein Unbewußtes nicht erzeugen, er erzeugt und gebiert nur Gedanken, die selbst auch wieder nur für ein Bewußtsein existieren, das Bewußtsein also wird nur vom Unbewußten erzeugt, und so kann auch die in sich unbewußte Idee der Krankheit nur aus dem Unbewußten unseres Wesens hervorgehen".[25] Jene romantische Grundüberzeugung, die ihre Wurzeln in Schopenhauers Philosophie hatte, prägte sowohl das Werk Freuds, als auch die Psychologie C. G. Jungs, obgleich sich beide tiefenpsychologischen Schulen in wesentlichen Auffassungen über die Zugangsweisen zu den unbewußt verorteten Phänomene unterscheiden werden. Freuds aufklärerische Variante der Tiefenpsychologie bevorzugt den sprachlichen Text, auch da, wo es sich, wie in der Traumdeutung um Bilder handelt, deren psychischer Bedeutungsgehalt sich mittels Sprache und

Diskurs erschließen läßt. Dagegen orientiert sich die romantische Tiefenpsychologie C. G. Jungs am Bild, dem zusätzlich zu den subjektiven Eindrücken, welche dieses hervorruft, eine „archetypische Grundausstattung" seines bildhaften Geschehens unterlegt wird. Mit anderen Worten, die Bilder werden nicht, wie bei Freud durch sprachlichen Diskurs erschlossen, welcher einer empirischen Überprüfung standhält, sondern immer an jene Erscheinungsformen der Archetypen des kollektiven Unbewußten rückgebunden, die in unmittelbarem Zusammenhang mit den psychischen Problemen interpretiert und durch diese in einen psychologischen Deutungszusammenhang gestellt werden.

Die romantische Philosophie Schopenhauers steht am Anfang der Tiefenpsychologien Freuds und C. G. Jungs. Während die romantischen und aufklärerischen Entwürfe bei ihm noch ungeschieden, wenn auch ambivalent, zusammengehören, werden sie bei seinen Nachfolgern Freud und Jung systematisch auseinanderfallen. Wo die aufklärerische Theorie der Psychoanalyse eine scharfe Zäsur zwischen dem Bewußten und dem Unbewußten zieht, definiert die romantische Theorie der Jungschen Tiefenpsychologie allmähliche Übergänge, wobei die Präferenz eindeutig auf Seiten des Unbewußten gesehen wird. Dieses aber versinkt durch den Rekurs in ein prähistorisches kollektives Unbewußtes in die Sphären unbeweisbarer Spekulationen, statt rational leistbare Diskurse zu ermöglichen. Wo die Konzepte der Triebbeherrschung und Sublimierung der Psychoanalyse im Unbewußten vor allem eine Gefährdung der Ich-Stabilität und eine gegen das Ich und das Über-Ich gewendete Macht sehen, behauptet die Tiefenpsychologie C. G. Jungs in ihnen jenen Motivationshintergrund, der bewußtes Handeln ermöglicht und anleitet und dessen Schattenseiten in das Selbst zu integrieren sind. Da wo die Psychoanalyse die verdrängten Aspekte des Triebapparates als biographischen, „verdorbenen Text" interpretiert, welcher der Sublimierung bedarf, möchte die Tiefenpsychologie C. G. Jungs diese als innere Schattenanteile der Psyche integrieren, wodurch nach deren Auffassung, der Mensch erst zu seiner Ganzheitlichkeit gelangen kann, den Jung als Individuation bezeichnete. Der entscheidende Unterschied der Psychoanalyse besteht nun darin, dass diese auch die Integration der Schattenseiten in das Selbst fordert, sie allerdings als dem Individuum verfügbare emotionale Instanzen ansieht, die mittels Verdrängung und Sublimierung integriert werden können und selbstreflexiven Prozessen unterliegen. Bei Jung hingegen kann die angestrebte Ganzheitlichkeit des Selbst nur in der zusätzlichen Auseinandersetzung mit den archetypischen Bildern und Symbolen erfolgen, die jene individuellen Schattenseiten stets begleiten und ihnen die psychische Dynamik verleihen. Hierdurch ist das Individuum nicht mehr der alleinige Herr in seinem Hause, sondern wie Ernst Bloch zu Recht vermutete, die prähistorischen Gestalten eines archaischen Urzustandes. Oder mit anderen Worten, nicht die selbstreflektive Gewißheit über den verdorbenen Text leiten den therapeutischen Prozeß, sondern die Gespensterfiguren einer prähistorischen Vergangenheit.

Neben den erkenntnisleitenden Sichtweisen der romantischen Theorien Schopenhauers fühlte sich C. G. Jung ganzheitlichen biologisch-organisch ausgerichteten Ideen verpflichtet, die u. a. von Denkern wie Ludwig Klages, Henry Bergson und Eduard Spranger vertreten wurden und die zu Beginn des 20. Jahrhundert eine außerordentliche Popularität besaßen und den völkisch-romantischen Geistesströmungen Auftrieb gaben. Ludwig Klages, der zum engeren Freundeskreis um Stephan George gehörte und mit diesem sich einig war, die Vernunft zu bekämpfen und wie dieser, die Erlösung im Übermächtigen suchte, vertrat eine Philosophie des Irrationalismus und sah in der Vorherrschaft des Logos und des kritischen Bewußtseins die Zerstörung des Schöpferischen. Stephan George sehnte in schwärmerischen Versen den starken Führer herbei, der auf „Trümmerstätten fegt" und ein neues, überzeitliches Recht verspricht. [26] In diesen gewiß künstlerisch hochstehenden und mitunter prätentiösen Entwürfen kommt jenes romantisch-subjektivistisches Denken zum Vorschein, welches die unseligen Traditionslinien vorbereiten half, die einem an Vernunft und Aufklärung des Menschen geschuldetem Denken entgegenstanden und sich hierbei einem, auf Intuition beruhenden, Voluntarismus verpflichtet sahen, wie er beispielsweise in Schopenhauers *Wille zur Macht*, durchschimmert oder in Bergsons biologisch orientiertem Entwurf des Vitalismus zum Tragen kam. In Anlehnung an Bergsons Lebensphilosophie, entwarf Jung seinen Begriff einer pandämonischen Libido, die sich in ihrer Unbewußtheit noch in einer Epoche weit hinter dem Diluvium befindet und in deren biologischem Plan noch jene Engramme wirken, die bereits unsere tierischen Vorfahren gesteuert haben. Insbesondere Bergsons Begriff des „élan vital" hätte Jung gerne anstelle seines Libido-Begriffes gewählt, wenn er nur mehr psychologisch als denn biologisch determiniert besetzt gewesen wäre.[27] Auf diesem, in erkenntnistheoretischer Hinsicht, umstrittenen Fundament, errichtete der Schweizer Tiefenpsychologe seine Theorie, die er als Entwurf einer empirischen Psychologie verstanden wissen wollte und mit der er dasjenige wissenschaftlich erklären möchte, „was andere glauben"[28] Bloch zufolge fließt daher Jungs kollektives Unbewußte im Hexenwahn dicker als in der reinen Vernunft. [29] Theodor W. Adorno hat Jungs Lehre von der universalen Wirkmächtigkeit der Archetypen und des kollektiven Unbewußten eine Vorbereitung „der regressiven Gemeinschaft als eines Positiven" genannt. [30] Mit der Besetzung des Kollektivs wird indes eine Konformität der Individuen hergestellt, die einer blinden integralen Gesellschaft gleicht.[31] Eine derartige Gemeinschaft im Sinne eines sozialen Gebildes kann ihren Zweck nur darin behaupten, eine Atmosphäre herzustellen, die jegliche Emanzipation ihrer Mitglieder vermeidet, um sich um so mehr von den Imaginationen archetypischer Bilder und schicksalhafter Gewalten leiten zu lassen.

Indem Jung dem romantischen Ansatz seiner Tiefenpsychologie verhaftet bleibt, bilden seine Forschungsansätze, die persönliche Ganzheit, ihre biologischen Funktionen, ihre geistigen Seiten und die unausweichlichen numinösen Aspekte zugleich die wesentlichen Voraussetzungen seiner Empirie. Daher unterliegt sie mehr als jede andere Form psychologischen Forschens den persönlichen psychischen Erfahrungen ihres Schöpfers. Bei Jung synchronisieren sich eigene innere Lebenserfahrungen mit dem Entwurf seiner psychologischen Lehre, die er als eine Art Glaubenssatz auffaßt, in dem sich subjektive Erfahrungen zu einer subjektiv verständlichen Psychologie verschmelzen und in deren Grundlinien und Konstrukten die persönliche Gleichung des Schöpfers mit seinem Werk unübersehbar hervortritt. Somit erstaunt nicht, dass der Rückzug in die empirische Außenwelt unterbrochen ist, da Erkennender und Erkenntnisgegenstand eins sind. Unbestritten ist hierbei die subjektive Kraft als Mittel der Selbsterkenntnis, die einen Selbstheilungszweck verfolgt. Ob jedoch kollektive Prozesse damit hinreichend zu erklären sind oder gar die Verknüpfung subjektiver Anteile mit den jeweiligen gesellschaftspolitischen Rahmenbedingungen sich nicht nur aufzeigen lassen, sondern auch Wege der Emanzipation des Individuums aus gesellschaftlicher Entfremdung und Totalität gewissermaßen therapeutisch beschritten werden können, ist mehr als nur zu bezweifeln. Für Jung hingegen liegt die Wurzel der Individuation, d.h. der Selbstverwirklichung des Menschen ausschließlich in seiner Innenerfahrung ohne gesellschaftlichen Bezug und ohne den Zugriff auf soziale Interaktionen. Die Tiefenpsychologie Jungs, die eine Theorie der Individualität ist, ist zugleich auch die Theorie des forschenden Individuums. Deshalb unterliegt sie mehr als andere Wissenschaften den persönlichen Voraussetzungen des Beobachters. Mit anderen Worten, die psychologischen Phänomene, die der Beobachter feststellt, könnten sehr wohl seine eigenen sein, oder zumindest etwas mit ihm zu tun haben. Gleichwohl definierte sich der Schweizer Seelenforscher als Empiriker, der sich stets auf psychologische Tatsachen bezieht.

Eine weitere Schwierigkeit tritt darin zutage, dass sich Jung dem Unbewußten als ausschließlichen Erkenntnisgegenstand zuwendet, an dem er gleichfalls als betroffenes Subjekt teilhat. Hierbei wird die sprachlich rationale Distanz aufgegeben, welche die Psychoanalyse als kontrollierendes Moment zwischen dem Phänomen selbst und der Wahrnehmung dieses Phänomens durch den Betroffenen errichtet. Beiden Ansätzen liegen unterschiedliche hermeneutische Zugänge zu Grunde. Während die Psychoanalyse Freuds auf einer Hermeneutik eines erzählenden Textes basiert, der empirisch überprüfbar ist, beharrt die Analytische Psychologie C. G. Jungs auf einer Hermeneutik des Bildes, welches jedoch wie alle Bilder und Symbole subjektiven Deutungen unterliegt. Jung insistiert auf einen direkten bildhaft emotionalen Zugang zu den Ereignissen und setzt hierdurch das subjektive Empfinden mit der empirischen Qualität des psychischen oder kollektiven Problems gleich. Unberücksichtigt bleibt hierbei, ob nicht auch eine bildhafte Hermeneutik als Symbolismus erst durch Sprache erschlossen werden kann, also sprachlicher Reflexion bedarf. Denn die Phänomene, welche er im Unbewußten des anderen Individuums sieht, sind aufgrund seiner eigenen Innenlebenforschungen auch in wesentlichen Anteilen mit ihm selber verbunden, so dass eine strikte Subjekt-Objekt-Trennung unmöglich erscheint. Diese ist aber zu einer streng empirischen Vorgehensweise unabdingbare Voraussetzung, wie solches gleichwohl auch eine der wesentlichen Voraussetzungen therapeutischen Handelns bildet. Erst durch die sprachliche Distanz, verbunden mit einer kritischen Reflexion der eigenen hermeneutischen Position, lassen sich die psychischen Prozesse einer Gegenübertragung von Seiten des Therapeuten sichtbar entfalten. Jung scheint dieses erkenntnistheoretische Problem übersehen zu haben, was vielleicht an seinem gebrochenen Verhältnis zur Außenwelt und dem damit verbundenen Rückzug in seine Innenwelt gelegen haben mag. Dieses methodische und erkenntnisleitende Defizit erschwert ebenso einen objektiven Zugang zu gesellschaftlichen Phänomenen und leistet einer subjektivistischen Deutung kollektiver und politischer Ereignisse Vorschub, wie es auch einer kontrollierten therapeutischen Haltung im Wege steht.

Im Gegensatz zu Freud, der seine Psychoanalyse als naturwissenschaftliche Methode zur Erforschung der menschlichen Seele verstand und hierbei positivistisch anmutende Bezüge aufweisen konnte, lehnt die Analytische Psychologie C. G. Jungs und in deren Gefolge die Archetypenlehre, die Vorherrschaft der Vernunft als erkenntnisleitende Instanz ab und bezieht vielmehr aus einem intuitiv romantischen Denken ihre deutenden Bilder. Jung behauptet daher, er habe sich einem Bereich der menschlichen Seele objektiv genähert, der zwischen Religion, Mystik und Psychologie liegt und diesen der Wissenschaft zugänglicher gemacht. Jung fordert das Individuum auf, sich auf die Botschaften des Archetypus einzulassen und den innerpsychischen Weg in sein regressives Unbewußtes zu gehen. Während Freud für den Kranken den Weg ins Unbewußte vorschlägt, um sich an die Quelle seiner Leiden zu erinnern da sie deren Ursprung sind, besteht Jung darauf, die tiefen Schichten seines Unbewußten aufzuspüren und hierzu gänzlich in diese Tiefen hinabzusteigen, um sich mit den Bildern des kollektiven Unbewußten, den Archetypen zu versöhnen. Die Libido, die in immer tiefere Schichten vermutet wird, gerät somit zu einem psychischen Blut- und Bodenkonstrukt, bei der gleichermaßen Neandertaler und Tertiärzeit repräsentiert sind. Damit entfernt sich das Individuum allerdings von der Quelle seines Leidens und setzt an dessen Stelle die Wirkmächtigkeit archetypischer Impressionen, womit das Denken über die Ursprünge seiner psychischen Unfreiheit tabuisiert wird, d.h. die politische Wirklichkeit wird ausgeblendet. Entgegen der Erkenntnis Freuds, dass die Emanzipation des Menschen nur aus der Bewältigung seines Trieblebens erfolgen kann, wobei dem Subjekt eine grundsätzliche Einsicht und Selbsttransparenz seiner unfreien Bedingungen zugestanden wird, die über sprachliche Diskurse zur Evidenz gelangen, baut die Tiefenpsychologie Jungs zwar auf eine leiblich-seelische Einheit, die aber prinzipiell von einem Entwicklungsgesetz gesteuert wird und in deren Zentrum sich die Archetypen befinden. Für Ernst Bloch hat daher die Menschheitsgeschichte im Denken C. G. Jungs den ersten Stock ihrer Bewußtwerdung verlassen und ist in den Keller des kollektiven Unbewußten gestiegen, wo sie sich inmitten archetypischer Requisiten wirklichkeitsfremd eingerichtet hat.

Der Dichter Gottfried Benn, ein Klages- und Jungschüler hat dies gleichermaßen poetisch und psychosynthetisch ausgedrückt: „Wir tragen die frühen Völker in unserer Seele, und wenn die späte Ratio sich lockert, im Traum und Rausch, steigen sie empor mit ihren Riten, ihrer prälogischen Geistesart, und vergeben eine Stunde der mystischen Partizipation. Wenn der logische Oberbau sich löst, die Rinde, müde des Ansturms der vormondalten Bestände, die ewig umkämpfte Grenze des Bewußtseins öffnet, ist es, dass das Alte, das Unbewußte erscheint in der magischen Ichumwandlung und Identifizierung, im früheren Erlebnis des Überall- und Ewigseins.“[32] Dies entsprach unbeabsichtigt der kulturgeschichtlichen Dynamik des Nationalsozialismus und dessen prähistorischer Verbundenheit – die als platte Ideologie gedacht war - an die archaischen Wirkmächte der Menschheitsgeschichte, wie sie C. G. Jung tiefenpsychologisch zu deuten wußte. Aus Sicht einer solchen Erkenntnislehre stand der Germanenmythos, der als pseudoreligiöser Kult Hitler und die nationalsozialistische Weltanschauungslehre umgab, in der logischen Entwicklungsfolge jener prähistorischen Weltdeutungen.

Jungs Begriff des Unbewußten ist nicht nur der Ort, wo psychischen Leiden auf deren Ursprung nachgegangen werden kann, wie dies die Psychoanalyse reklamiert, sondern der archaische Hort aller Grundformen der menschlichen Phantasie, die von einer schönen und neuen Welt träumt, einer Welt in der Rassenseele und Herrenmenschentum beheimatet sind, in den Sphären einer gesetzmäßigen Archetypenzeit, die ewige Gültigkeit besitzt und insofern keinen Widerspruch zum „Tausendjährigen Reich" bildet.

Die romantischen Nischen der Wendezeit

Jungs Psychologie, die versucht dualistische Denksysteme wie Rationalität versus Mystik; Wissenschaft versus Religion; Ich versus Es zu überwinden, um statt dessen in ganzheitlich orientierten Paradigmen den Menschen und seine Gesellschaft zu begreifen, stößt auf hohe Akzeptanz des „Neuen Denkens" als Daseinsentwurf der Postmodernen. Jungs Lehre trifft wegen ihres Bezuges auf Mythen und Märchen, deren Bilderwelten und Konfliktebenen als Ausdrucksmöglichkeiten der menschlichen Psyche verstanden werden, deshalb bei den Wendezeittheoretikern der New-Age-Bewegung auf eine breite Zustimmung. Die in ihnen wirkenden schicksalhaft anmutenden Konflikte und Prüfungen, denen sich ihre Protagonisten unterziehen müssen, um zu ihrer Ganzheit zu finden, dienen ihrem, der Jungschen Lehre nachempfundenen, Therapieansatz als Schablone, um innerseelische Konflikte und deren Auswirkungen auf interpersonale Beziehungen modellhaft darzustellen. Selbstheilung durch inneres Nacherleben archetypischer Modelle bedeutet zugleich Weltheilung und Erlösung, sowie Versöhnung des Subjekts mit einer ihm entfremdeten Gesellschaft, ohne irgend etwas an dieser zu verändern. Nicht die Gesellschaft unterliegt Veränderungen, sondern das Individuum muß lernen, zu sich selbst zu finden, damit es mit den gesellschaftlichen Widrigkeiten zurechtkommt. Die Anpassung und das Ertragbare inmitten der seelischen Wüstenei gesellschaftlicher Anforderungen und Entfremdungen geschehen dadurch, dass die Umstände durch ein geläutertes Selbst erträglicher werden. Somit ist das Individuum mit den Bedingungen, die den Sinn seines Lebens in Frage gestellt haben, versöhnt. Den irrationalen Moment, welcher den Mythen und Märchen anhaftet, gilt es nicht zu verstehen und zu überwinden, sondern in ihm sehen Jung und in dessen Gefolge seine Apologeten, den Urquell der Weisheit und den Schlüssel zur Lebensgestaltung in modernen Zeiten verankert. Dieser Urquell, der einer anderen Art von Logik unterliegt und vergleichbar mit dem Geschehen und den Bildern im Traum ist, speist sich aus den archaischen Bedürfnissen der Menschen. Mit den empirischen Gegebenheiten gesellschaftlicher Prozesse haben sie, außer ihrer Verdrängungsqualität, nichts zu tun, da jene sich in einem Erfahrungsbereich vollziehen, welcher sich auf einer bewußten Ebene bewegt. Beides miteinander in Beziehung zu setzen, ohne den archaischen Urquell unbewußt verorteter Bilder und Impressionen zu hinterfragen, bedeutet jedoch die bewußtseinsmäßigen Voraussetzungen und Strukturen individueller und gesellschaftlicher Prozesse zu übersehen.

Jungs romantisches Verständnis und seine auf Intuition gegründete antirationalistische psychologische Lehre tritt daher als Gegenentwurf zum Rationalismus postmoderner Gesellschaften auf und nicht zuletzt gegen den empirischen Positivismus der Freudschen Psychoanalyse. Seine Theorie des kollektiven Unbewußten auf der Grundlage von Mythen, Ritualen und Symbolen behauptet eine ererbte Weise des psychischen Funktionierens, ohne darüber zu reflektieren, ob kulturell erworbene Eigentümlichkeiten überhaupt vererbt werden können. Dadurch setzt er einen generativen und historischen Determinismus in Gang, der gesellschaftlichen Veränderungsprozessen, die aus der spezifischen sozialen und politischen Dynamik einer jeweiligen Gesellschaft herrühren, zuwider läuft. Jung tut so, als verhalte sich die Menschheit in ihrer unüberschaubaren historischen Komplexität universell gleich. Damit wird einer dialektischen Dynamik gesellschaftlicher und individueller Veränderungsprozesse widersprochen, die aus der existentiellen Widersprüchlichkeit und kulturellen Vielfalt der Menschen resultieren. Erst diese aber drängen in historischen Prozessen zu Veränderungen in die eine oder andere Richtung, wobei offen bleiben muß, ob es immer positive Entwicklungen sind. Nicht die Archetypen entscheiden den Ablauf der Geschichte, sondern es sind immer die Menschen in ihren konkreten Situationen, die den Lauf der Geschichte beeinflussen. Jene archaischen Strebungen, die Jung in seinem Begriff des kollektiven Unbewußten verortet sieht, rangieren unterhalb jeder gesellschaftlichen Struktur und es ist längstens noch nicht erwiesen, ob sie ihre prägende Wirkung, die ihnen von Seiten des Schweizer Seelenforschers und seinen Nachfolgern zugeschrieben wird, ungebrochen zur Geltung bringen.

Trotz aller atavistischen und zugleich gesellschaftsfernen Beigaben ist dennoch die Wirkung der Archetypenlehre des Schweizer Psychotherapeuten auf den Zeitgeist nicht unbeträchtlich. Dies erstaunt um so mehr, als dass im Zuge der 68er Revolution die Psychoanalyse im Zentrum einer gesellschaftlichen und kulturellen Revolution stand und infolge deren Nachwirkungen die überkommenen normativen Standards einer repressiven Gesellschaft hinterfragt wurden und zur Disposition standen. Gerade die Psychoanalyse Sigmund Freuds trug dazu bei, verborgene Mechanismen repressiver Macht und Herrschaft ihres oberflächlichen Scheins zu entkleiden, um sie als pathogene kompensatorische Ausdrucksformen eines autoritär deformierten Charakters zu entlarven, der unentwegt bemüht ist, eine repressive Gesellschaft fortzuschreiben.

Um so erstaunlicher ist, dass gerade C. G. Jung., über dessen politische Rolle die berechtigte Annahme nicht zu widerlegen ist, dass er in sehr offensiver Weise mit dem Nationalsozialismus sympathisierte und in der Reihe konservativer Denker und Schriftsteller steht, welche dem Nationalsozialismus in der ein oder anderen Weise zuarbeiteten oder ihn unterstützten, wie etwa Ludwig Klages, Stefan George, Martin Heidegger, Carl Schmitt oder Ernst Jünger, eine derartige posthume Wirkung besitzt, die fast schon in die Nähe einer modernen Zeiterscheinung eingeordnet werden darf. In Deutschland haben sich populäre Autoren wie Franz Alt und Eugen Drewermann auf ihn berufen und in den Vereinigten Staaten bildet sein Werk schon seit Jahrzehnten den ideologischen Unterbau der New-Age-Bewegung. Derlei Affinitäten, die eine enge Verbindung zu einer längst überholt geglaubten Tiefenpsychologie und den modernen Zeitströmungen herstellt, kommen nicht zufällig und unverhofft. Finden doch die Vertreter der neuen „Wendezeit" - Fritjof Capra, Ken Wilber u. a. - in ihren Augen überzeugende Argumente und stringente Zusammenhänge zwischen den Leiden des Menschen in der Postmodernen und den heilsversprechenden Rezepten, von denen sie glauben, sie aus der Archetypenlehre des Schweizer Psychotherapeuten zu entnehmen. Insbesondere vermeinen sie in den Rekursen auf prähistorische Bilderwelten jene therapeutischen Versatzstücke zu finden, die ihrer Heilslehre der Selbsterlösung die Schubkraft verleihen. Zudem weist der Frankfurter Erziehungswissenschaftler Micha Brumlik in seinem Buch *DIE GNOSTIKER. DER TRAUM VON DER SELBSTERLÖSUNG DES MENSCHEN* die tiefe gnostische Grundposition der Jungschen Archetypenlehre nach und sie ist es, die sicherlich die gegenwärtige Popularität postmoderner Heilslehren zusätzlich verstärkt. Scheint doch endlich ein Rezept gefunden, welches der Hoffnungslosigkeit des überforderten Menschen in postmodernen Zeiten entgegenwirken hilft. Gegen den Materialismus des gegenwärtigen Zeitalters gewendet, scheint der romantische Weg in die Selbstflucht ein geeignetes Mittel zu sein, der zunehmenden Versachlichung, Fragmentierung lebensnotwendiger Orientierungen und Entfremdung zu entgehen, die sich als chronische Angst vor dem Dasein schlechthin äußert, wie Drewermann des öfteren ausführt. Diese Angst, da archetypisch fundiert, muß ertragen werden, wie C. G. Jung in einem Brief aus dem Jahre 1945 an einen befreundeten Pfarrer fordert. „Versuche ja nicht, dieser Angst, die Gott dir gegeben hat, zu entgehen, sondern versuche, sie bis aufs letzte zu ertragen - sine poena nulla gratia -. Ich kann so reden, weil ich glaube, ich sei religiös, und weil ich überdies mit wissenschaftlicher Sicherheit weiß, dass mein Patient seine Angst nicht erfunden hat, sondern dass sie über ihn verhängt ist. Von wem oder was? Vom Unbekannten. Das Religiöse nennt dieses absconditum Gott; der wissenschaftliche Intellekt heißt ihn das

Unbewußte."[33] Numinose Mächte verhängen die Angst als chronische Erblast der Menschheitsgeschichte über das Individuum. Gegen die Angst zu streiten, sich ihr zu widersetzen und gegebenenfalls sie zu überwinden, ist Jung zufolge nur durch den innerpsychischen Rekurs in die Metaphysik der Archetypenwelt möglich. Sie sollen die Leithilfen sein, mit denen der Mensch seiner „vererbten" Angst entkommen kann. Das Spiel mit der Angst und die unendliche Flut literarischer Rezepthilfen auf dem Büchermarkt sichert auch den Propheten und Schamanen der postmodernen Wendezeit hohe Zustimmung, ein gesichertes Einkommen, Popularität und eine breite Schar hilfesuchender Zuhörer und Leser. Über diese inzwischen fast unüberschaubare Flut von esoterisch anmutender Literatur, an der sich selbst christliche Verlage beteiligen und in der Schamanismus, Wunderheilung, Positives Denken, Geistheilung, Außersinnliche Wahrnehmung, Bioenergetik, kreatives Träumen bis hin zur Großen Mutter als probate Mittel zur Selbstheilungsprogramme angeboten werden, verspricht sich der Hilfe- und Erlösung hoffende Mensch Befreiung von seinen Mühsalen

In seinem Aufsatz *Seelenprobleme der Gegenwart* behauptete Jung, dass die modernen Gesellschaften mehr mit archaischen primitiven Gesellschaften gemein haben, als mit ihrer unmittelbaren Vergangenheit. In der modernen Welt enthüllten sich die Archetypen als Wegweiser der Komplexität, mehr als in der vorausgegangenen Kulturphase, was daran liegt, so Jung, dass sich die Menschen der Postmoderne verstärkt ihren seelischen Problemen zuwenden. Da sich der moderne Mensch für den Gipfel der Evolution halte, sei ihm zunehmend bewußt, wie zerbrechlich seine Existenz unter den obwaltenden Bedingungen ist. Von daher suche er nach Lösungen, die außerhalb des Erkenntnishorizontes der Naturwissenschaften liegen.

Genau genommen ging es Jung darum, die Kluft zwischen Scientia und Sapientia, zwischen Wissenschaft und Weisheit also, zu überbrücken, um eine Antwort auf die existentiellen Fragen der Menschen zu geben, die von der Religion alleine nicht mehr beantwortet werden können. Außerdem mißtraute er dem „platten Positivismus" der Freudschen Psychoanalyse und sah in den Kategorien von Triebbeherrschung und Reflexion der kindlichen Vergangenheit nicht jene Instanzen, die den drängenden Daseinsfragen der Menschen eine verbindliche Antwort zu liefern hätten. Diese grundsätzliche Sicht der Dinge diente ihm dazu, die Archetypen als verbindliche Kategorien der Heilung seelischer Leiden des modernen Menschen zu reklamieren. Sie sollen sich als diejenigen sinngebenden Instanzen erweisen und den einzelnen auf seinen Weg zu seiner Selbsterlösung begleiten, wozu die Reflexion frühkindlicher Versagungen und Enttäuschungen nicht imstande ist. Diese hatte er bekanntlich als „Kehrichtkübel unerledigter Kinderwünsche" diskreditiert. Der Weg, den Jung statt dessen vorschlägt ist jedoch, so ist zu vermuten, Rückzug in die eigene Innerlichkeit, Bildern mit deren die Augen vor den Unbilden das draußen verschlossen werden können

Exkurs: Drewermann und seine therapeutische Rezeption der Jungschen Tiefenpsychologie

In konsequenter Anlehnung an die tiefenpsychologische Position C. G. Jungs läßt Eugen Drewermann bei seinen Interpretationen von Märchen und Mythen deren Symbolik und Figuren als innere Anteile der menschlichen Psyche erscheinen und verlagert die innerseelische Konfliktverarbeitung auf die Ebene archetypischer Aussagen, denen Heilungskompetenz unterstellt wird. Seine zahlreichen Märchendeutungen, die er auf den Grundlagen der Psychoanalyse Freuds und der Archetypenlehre des Schweizers C. G. Jung als psychologische Diagnosen interpretiert, sind in sprachlicher Hinsicht wahre Kunstwerke der Literatur. Die handelnden Personen und die Symbolik der Erzählungen treten als Spiegelbilder spezifischer menschlicher Probleme auf, die Drewermann als seelische Gebrechen der Zeit deutet. Damit folgt er im Grundsätzlichen einer psychologischen Tradition, wie sie bereits Bruno Bettelheim in seinem Buch *Kinder brauchen Märchen* auf die Entwicklungsprobleme von Kindern bezogen, und wie die Jungsche Schule sie als vorzugsweise Methode der Übertragung archetypischer Symbolik auf allgemeine psychische Konflikte der Individuation von je her angewendet hat.[34] Diese Deutungsmethode weitet Drewermann auch auf die Textinterpretationen biblischer Heilungsgeschichten aus, oder genauer gesagt, er benutzt sie als Erzählvorlagen, um an diesen Beispielen die Notwendigkeit tiefenpsychologischer Analyse menschlichen Leidens darzustellen, welches er auf eine existentielle Voraussetzung zurückführt. Am Beispiel des Besessenen von Gerasa aus der Markinischen Heilsgeschichte[35], exemplifiziert Drewermann seine tiefenpsychologische Erkenntnismethode, seelische Erkrankungen der Zeitepoche auf eine Grundursache zurückzuführen und indem er sich auf archetypische Figurationen bezieht, einer Heilung zuzuführen. Hierbei werden die vielfältigen Ursachen psychischer Erkrankungen auf ein Grundübel zurückgeführt, nämlich das der Entfremdung des Menschen von Gott und schließlich von sich selbst, was zu einer Art von Daseinsangst führt, der nur durch einen tiefenpsychologischen Rekurs auf die eigenen inneren Bilder begegnet werden kann. Dem Besessenen wird wortreich unterstellt, dass er gleich einem lebendigen Toten sein Dasein bei den Gräbern fristet und dessen Leben ein Bild der „Daseinszerstörung" sei. Was ihn quäle, sei die „Hölle der Freiheit". Da er alle, die ihm helfen wollen, als „Freiheitsberäuber, Kettenbringer und Zwingherren" empfinde, könne ihm von außen keine Hilfe zuteil werden. Nur durch die Einfühlung in sein Innerstes lassen sich seine inneren Nöte erschließen, die im Grunde nichts anderes sind, als Selbsthaß, Minderwertigkeitsgefühle, Flucht vor dem eigenen Selbst und die Angst vor der Meinung und Nähe anderer. Allesamt psychische Probleme, die uns kaum fremd sind. Selbst Jesus, der sich ihm Hilfe anbietend nähert, wird von ihm abgewiesen und als Bedrohung erlebt und erst als er ihn nach seinem Namen fragt, läßt dieser mit sich reden. Obgleich er lautstark auf seine Leiden aufmerksam macht, indem er mit den „Ketten" seiner psychischen Unfreiheit im sprichwörtlichen Sinn rasselt, verweigert er jegliche Unterstützung durch andere.

Einem psychologisch Geschulten ist dieses gesamte Ensemble ambivalenten Verhaltens nicht unbekannt. Weist es doch in seiner scheinbaren Absurdität auf eine schwerwiegende Persönlichkeitsstörung des Besessenen hin, die eine zeitgemäße Psychotherapie als Borderline-Störung diagnostizieren würde und bei der eine mangelnde Ich-Stärke und eine tiefe Angst vor Nähe gewissermaßen zum Krankheitsbild gehört, Hilfe zu verweigern, obgleich der Leidensdruck unendlich groß ist. Drewermann scheint dies auch zu vermuten, da er ihm unterstellt, kein Ich zu besitzen, mit dem man reden könnte, um überhaupt helfend vorzugehen. Vielmehr ist sein Ich ein Haufen von Komplexen, die allesamt aus seinen biographischen Erfahrungen herrühren, seinen Minderwertigkeitskomplexen, die oralen Schuldgefühle, der Vaterhaß und die, so Drewermann, kleinliche Sehnsucht nach Geborgenheit. Auch die mangelnde Ich-Struktur, die Drewermann nicht übersieht, ist ein Merkmal dieser Persönlichkeitsstörung und macht es für Außenstehende so schwierig, Hilfe anzubieten. Hierbei handelt es sich um eine, gewiß unvollständige Aufzählung typischer Symptome einer Borderline- Persönlichkeitsstörung. Bei allem erdenklichen Leidensdruck, den eine solche seelische Erkrankung bei dem Betroffenen auslöst, hindert ihn dennoch seine sprichwörtliche Angst vor Nähe, nach Hilfe Ausschau zu halten und sie anzunehmen. Die Borderline-Erkrankung gehört mit zu den schwersten Formen einer Persönlichkeitsstörung und ist unter der Gesamtbevölkerung in einer vergleichsweise geringen Häufigkeit von ca. 1,8% anzutreffen.[36] Wenn wir die Perikope von dem Besessenen von Gerasa auf die Gegenwart übertragen, und dies ist offensichtlich Drewermanns Absicht, handelt es sich allem Anschein nach um eine bedauernswerte Person, deren Krankheitsbild zu den Ausnahmeerscheinungen seelischer Störungen zählt und bei weitem nicht als allgemeines Phänomen auftritt und infolgedessen sich im eigentlichen Sinn nicht so recht anbieten würde, ein derartiges, exklusives Störungsbild auf die gesamte Menschheit zu übertragen, oder gar als typisches Leiden in der Postmoderne zu diagnostizieren.

Drewermanns tiefenpsychologische Interpretation der Heilsgeschichte gehört zweifelsohne zu den sprachlichen Glanzstücken seines umfangreichen Repertoires. Trotz aller diagnostischen Schwächen gelingt es ihm, die bizarre Handlung dieser Heilsgeschichte, an deren Sinndeutung sich mitunter die Theologen schwer getan haben, in einem überzeugenden Zusammenhang zu stellen, der jeden, welcher einem ähnlichen Schicksal ausgeliefert ist hoffen läßt, einem Helfer zu begegnen, der sich seinem, wie auch immer gearteten Leiden in der gleichen Weise annimmt und ihm Hilfe zuteil werden läßt. Umgekehrt kann er selbst versuchen, anderen Gequälten und sich selbst ein einfühlsamer „Helfer" zu werden,[37] woran ein unkundiger Laie vermutlich scheitern würde, da ihm die Voraussetzungen fehlen, die Drewermann zufolge gegeben sein müssen, um die seelischen Bilder einfühlsam „nachzuträumen". Und genau an diesem Punkt stößt die Textauslegung an ihre Grenzen, wenn sie als Rezept zur tiefenpsychologischen Selbstheilung gedacht ist. Drewermanns Rezeption der Heilsgeschichte erweist sich nicht nur in psychologischer Hinsicht als problematisch und undifferenziert, sondern sie suggeriert ein quasitherapeutisches Rezept für den alltäglichen Hausgebrauch zu sein. Andererseits vermittelt die Art der Drewermannschen Darstellung den Eindruck, dass das spezifische Leiden des Besessenen in Einklang mit den vielfältigen Konflikten und psychischen Leiden der gesamten modernen Menschheit steht. Durch seine überzeugende Darstellungsgabe und innere Geschlossenheit, sowie der Kunst, dem Individuum auch da noch eine innere Zerrissenheit nachzuweisen, wo diese als Leidenszustand nicht empfunden wird, könnte es durchaus geschehen, dass sich der Mensch in postmodernen Zeiten in der bemitleidenswerten Gestalt des Besessenen wiederfindet. Und dies scheint auch beabsichtigt zu sein, denn den symbolhaften Text der Gerasener Heilsgeschichte deutet Drewermann so um, dass in ihm ein allgemein menschliches Problem sichtbar wird. Die an „schizoid-paranoische Zustände" gemahnende Verfolgungsangst des Besessenen, so Drewermann, weise auf ein grundsätzliches menschliches Problem hin, das der Daseinszerrissenheit des modernen Menschen inmitten der existentiellen Spannung von Angst vor sich selbst und den anderen und der ständigen Suche nach Vertrauen und Daseinsgeborgenheit. Ohne nähere Begründung parallelisiert er das Leiden des Besessenen mit den vielfältigen Leiden der Menschen in der heutigen Zeit, wenn er konstatiert: „wie furchtbar hat der Besessene von Gerasa gelitten",[38] und sogleich in die Gegenwart übertragen, „wie furchtbar leiden Menschen auch heute noch unter der Qual ihrer Seelenzerrissenheit." Deren Ursachen, so scheint es, liegen in der zunehmenden Entfremdung des Menschen inmitten einer komplexen Umwelt und von Gott, sowie in der Fragmentierung seiner sozialen Bezüge, oder anders formuliert, in der narzißtischen Vereinsamung des einzelnen in einer verdinglichten Welt. Das Leiden des Besessenen und das Leiden der Menschheit sind eins.

Mit dieser undifferenzierten Gleichsetzung, ohne Rücksicht darauf halbwegs gelungenen diagnostischen Kriterien zu genügen, hat Drewermann aus einer historischen Erzählung eine Metapher konstruiert, mit der er die komplexen Leiden der Menschen in der Postmoderne auf einen gemeinsamen Nenner bringt. Indem er die psychischen Impressionen der Leiden der Menschen mit der archetypischen Symbolik der Tiefenpsychologie C. G. Jungs verbindet und auf das Ergebnis von Lebensangst und Ich-Entfremdung bringt, unterliegen alle weiteren psychologischen Aussagen dieser monokausalen Deutung. Infolgedessen scheint es auch unerheblich zu sein, auf welche konkreten biographischen Ursachen solche Formen von Seelenzerrissenheit und innerer Verwüstung zurückgehen. Der Weg, welcher in die innere Wüstenei führt, um Ordnung und Lebenssinn wiederzuentdecken, geschieht Drewermann zufolge, durch nachträumen und Einfühlung in die inneren Bilder der Seele. So wie Gott nur in der inneren Auseinandersetzung erfahrbar wird, so werden auch die psychischen Leiden in der unmittelbaren Begegnung mit den inneren Bildern einer Heilung entgegengeführt. Sowohl bei C. G. Jung, als auch bei Drewermann, werden die psychologischen Phänomene und seelischen Krankheitsbilder somit einer finalen Deutung unterzogen, welche sich an archetypische Impressionen orientiert und in ihrer Wirkungsmächtigkeit im Individuum selbst verbleiben.

Drewermanns psychologische Position und Argumentationsweise ist unter Fachleuten auf dem Gebiet der Psychologie und Psychotherapie noch umstrittener, als seine theologische Position, die hier nur soweit von Interesse ist, da sie sich auf einer ähnlichen archetypischen Gleichung bewegt, wie die C.G. Jungs. Seine Deutungsmethode hat ihm von Seiten der Psychologie den Vorwurf eingebracht, dass er die psychischen Phänomene theologisiere, wodurch sie unscharf werden und sich einer differenzierteren Diagnostik entziehen. Außerdem ist die Frage zu stellen, ob sein Programm der „Erlösung" von der Angst nicht einem fragwürdigen Ideal anhängt. Wäre es nicht sinnvoller und realistischer in Kenntnis der Krankheitsdynamik und den Grenzen, die diese setzt, Menschen zu helfen, mit ihrer Angst zu leben. Wenn schon Drewermann als theoretische Ausgangsbasis seines Therapiekonzeptes das Bild einer Borderline-Erkrankung wählt und deren spezifische Eigenheiten nicht berücksichtigt, ließe sich einwenden, dass gerade bei diesen Patienten die Angst ein fundamentales Problem darstellt und es bestenfalls gelingen kann, sie für die Betroffenen beherrschbar zu machen, damit sie von ihr nicht, wie üblich, überwältigt werden. Alles weitere würde wenig zu einer Realitätsbewältigung dieser Patienten beitragen und das Therapieziel in sich unwirklich erscheinen lassen, da es ohnehin kaum zu erreichen ist und schon an der mangelnden Ich-Struktur des Patienten scheitert. Hält man jedoch, wie Drewermann insistiert, um jeden Preis daran fest, dann wäre eine solche Vorgehensweise eher kontraindikativ als dem Krankheitsbild angemessen.

Theologen, und insbesondere die historisch-kritische Exegese werfen ihm vor, theologische Grundpositionen durch eine überzogene Psychologisierung zu verwässern. Demgegenüber wendet Drewermann ein, dass alleine die textpragmatisch sensibilisierte Exegese in sich bereits psychologische Gesichtspunkte einbezieht und therapeutische Wirkungsmöglichkeiten entfaltet. Ob jedoch Texte, die unter konkreten historischen Umständen und Bedingungen und durch die Erzählkunst bestimmter historischer Personen entstanden sind, sich überhaupt dazu eignen psychische Probleme der Gegenwart in therapeutischer Hinsicht abzubilden, mag mehr als umstritten sein, da sie in der Regel „viel zu wenige und unsichere Daten für eine derartige Auswertung bieten" .[39] Insbesondere gilt dieser kritische Einwand für die Versuche Drewermanns psychoanalytischer oder gar „pathographischer" Interpretationen, wie er sie in Bezug auf biblische Gestalten anwendet und auf psychischen Erkrankungen der heutigen Zeit in einer modernen Gesellschaft übertragen möchte. Außerdem liegen die Ansätze der Psychologie zur Erforschung menschlicher Wahrnehmungen und Verhaltensweisen in biblischen Texten noch zu sehr in ihren Anfängen, als dass sich differenzierte diagnostische Erkenntnisse ableiten ließen.[40] Neben diesen aus Sicht der Exegeten hervorgebrachten Einwänden, werden ihm große Defizite in der Kenntnis der psychologischen Fachliteratur nachgewiesen. In Unkenntnis der psychoanalytischen Diskussion nach Freud wechsele er in seinen Deutungen zwischen dem subjektalen Bezug der Jungschen Tiefenpsychologie und der objektalen Deutungsebene der Psychoanalyse, ohne die tiefgreifenden Unterschiede, die beide Schulen voneinander unterscheiden, zu berücksichtigen. [41] Wie sehr Drewermanns Diagnostik psychischer Leiden, die er durch Rekurs in die inneren Bilder und der Symbolik des Traumes und der Mythen erschließen möchte, seiner eigenen Subjektivität verhaftet bleibt, zeigt sich in der vornehmlichen Anwendung der subjektalen Deutungsmethode C. G. Jungs. Jungs subjektales Deutungsmuster geht davon aus, dass jene Impressionen, die wir in anderen Menschen, Bildern und Symbolen zu erkennen glauben, immer auch Bestandteile der eigenen Psyche sind. Dies mag in Bezug auf uns selbst unbestritten sein, da die Deutungen unseren subjektiven Empfindungen- welche wir mit dem Bild oder Symbol verbinden- unterliegen und möglicherweise den jeweiligen Gemütszustand widerspiegeln. Ob aber gleichermaßen auch der Zustand des anderen in dem Bild oder in dem Symbol kongruent erscheint, erscheint mehr als fraglich, da wir in unserer eigenen Position hermeneutisch befangen sind. Vielmehr sind wir selbst Teil des Erkenntnisvorganges und deuten uns gewissermaßen selber in die Bilder hinein. Daraus folgt, dass jeglicher subjektale Deutungsvorgang immer nur eine Momentaufnahme in einer spezifischen psychischen oder sozialen Situation sein kann und infolgedessen sich einer Verallgemeinerung widersetzt und möglicherweise mehr mit uns selbst zu tun hat, als mit demjenigen, dessen Leiden wir deutend erfassen möchten. Indem aber Drewermann beide Deutungsmethoden, die subjektale und die objektale allzu leichtfertig kombiniert, einmal mit Jung interpretiert und das andere Mal Freud bemüht, bleiben seine Schlußfolgerungen in therapeutischer und diagnostischer Hinsicht seltsam schwebend und unangreifbar. Unter dem Anspruch seines mythisch-religiösen Denkens, welches er auch auf psychische Themen anwendet, werden die spezifischen Begrenztheiten beider Tiefenpsychologien geradezu aufgehoben. [42]

Religiöses Erkennen und der Umgang mit biblischen Texten ist für Drewermann nur denkbar, wenn sie in die Traumbilder tiefenpsychologischer Erschließung hinabsteigen und Psychotherapie bedarf daher in seinen Augen immer der Auseinandersetzung mit der grundsätzlichen Daseinsangst, die durch die permanente Entfremdung des Menschen von Gott herrührt und durch die historisch-kritische Exegese der Glaubensbotschaften hervorgerufen wurde. Was Drewermann in seiner psychotherapeutischen Konzeption übersieht, ist, das der Ort der Psychotherapie in der unmittelbaren Auseinandersetzung mit den wirklichen Ursachen der psychischen Leiden liegt und deren Aufdeckung und nicht in deren Verlagerung auf eine abstrakte Quelle, die er als Ursprung der Leiden ansieht. Die Aufgabe des Therapeuten besteht darin, dem Patienten bei der Suche nach der Quelle seiner Leiden behilflich zu sein, da diesem die Quellen seiner Leiden nicht bewußt sind und bereits in dieser Unbewußtheit seine psychische Problematik, oder genauer gesagt, die Ursache seiner psychischen Störungen liegt. Der Therapeut soll den Patienten auf diesem Weg in sein Inneres mitnehmen, obgleich er aufgrund seines Fachwissen über die größere Autorität verfügt, die ihn jedoch nicht dazu bringen darf, sich über den Patienten zu erheben. Gegen eine bildhafte intuitive Erschließung innerseelischer Vorgänge wäre an sich nichts einzuwenden, wenn sie nicht als ausschließlichen Zugang zu den seelischen Gebrechen betrachtet würde. Drewermann erhebt sie hingegen zu einem universellen Instrumentarium, dessen Anwendung monokausal auf eine Ursache bezogen wird. Getrieben von dem Gedanken, Theologie und Psychologie miteinander zu verbinden, sieht er alles Leiden in einem Gottesverständnis begründet, welches die historisch-kritische Exegese und die sogenannten, seelenfernen „Kanzeltheologen" immer mehr von den Gläubigen entfernt haben und was somit zu ihrer Daseinsangst führte. Erst durch die Hinwendung des Menschen zu seinen inneren Bildern, die Drewermann zufolge sein eigentliches Gottesverständnis ausdrücken, kann er diese Daseinsangst überwinden und zu seiner seelischen „Heilung" finden.

Drewermanns Sprache, mit der er biblische Texte einer tiefenpsychologischen Deutung unterzieht, um sie therapeutisch nutzbar zu machen, ist durchsetzt von dem Gegensatzpaar Angst und Vertrauen, das wie ein roter Faden seine Schriften durchzieht. Diese unspezifische Angst, die er stets anführt und die das Individuum mittels eines einfühlenden Vertrauens zu überwinden hofft, wenn es seiner Rezeptur folgt, wird von ihm in völliger Ignoranz differentialdiagnostischer Erkenntnisse auf alle möglichen seelische Konfliktfelder des menschlichen Daseins übertragen. Deren heilende Aufarbeitung, die im wahrsten Sinne des Wortes, bis zum Grunde der Probleme gehen soll, wird zum Maßstab von Theologie und Therapie erhoben, wozu ihm der Kreuzestod Jesu als therapeutische Chiffre dient und die er in seinem Verständnis wie folgt formuliert: „Nur im Sinne einer solchen therapeutischen Durcharbeitung der schwersten Angst- und Schuldgefühle, die ein Mensch durchleben kann: der Urangst und des Urprotestes, unberechtigt und ungeliebt auf Erden sein zu müssen, versteht man den paradoxen menschlichen Sinn der zahlreichen Worte und Hinweise im Markus-Evangelium auf die Notwendigkeit des Leides, auf die Unerläßlichkeit des Kreuzes (Mk. 8,34.35) und auf die Auferstehung aus dem Reich des Todes *Im Erlösenden Sinne,* als eine *therapeutische Chiffre,* bedeutet gerade der Kreuzestod Jesu, dass es sich nicht lohnt, vor Menschen Angst zu haben, weil es nicht länger mehr nötig ist, vor Gott sich zu fürchten. Es war und ist gerade dieser Glaube Jesu, der sich in allen seinen Worten und Begegnungen mit Menschen aussprach und der sich in seinem Tode bestätigte: wir Menschen können machen, was wir wollen, und wir können getan haben, was wir wollen- das erste und wichtigste Wort Gottes über alle menschliche Angst und Schuld wird ein Wort des Verstehens und ein Wort der Vergebung sein. Eben weil dies zunächst allem widerspricht, was wir im Alltag uns angewöhnt haben zu lernen und zu befolgen, erzeugt die Überzeugung Jesu zunächst einen ungeheuren Widerstand; aber bei diesem Widerstand werden auch all die unterdrückten Gefühle aus der Tiefe an die Oberfläche gespült, bis das Wasser sich reinigt und durchsichtig wird bis zum Grund."[43] Die suggestive Kraft dieser Worte, welche sich einem rationalen Zugriff durch ihre epische Breite und poetischen Ausdrucksform entziehen, ist beträchtlich und deren Wirkung ist weitaus stärker als ihre sachliche Botschaft. Das therapeutische Fazit, welches hieraus zu ziehen wäre, könnte lauten, alleine das biblische Textvorbild des Kreuzestodes Jesu verfehlt seine heilende Wirkung dann nicht, wenn wir uns der Deutung seines Autors anschließen, vorausgesetzt wir werden uns unserer inneren Impressionen in ähnlicher Weise bewußt. Drewermanns Therapieverständnis basiert auf das Phänomen schamanistischer Heilung, die für ihn als das Maß allen Verstehens gilt. So verweist er darauf, dass ein „einziger Blick auf das Leben eines wirklichen Wunderheilers außerhalb des europäischen Kulturkreises zeigen (kann), wie die Wunder der Heilung zu verstehen sind ." [44] Abgesehen davon, dass es fragwürdig erscheint, derartige Heilsformen, die aus gänzlich anderen Kulturkreisen herrühren und insofern auf spezifischen psychosomatischen Störungsbildern des jeweiligen Kulturkreises ausgerichtet sind, in einem Atemzug mit den Methoden moderner Psychotherapie gleichzusetzen, bzw. sie als therapeutisches Paradigma anzubieten, übersieht seine These die differentialdiagnostische Realität psychischer Erkrankungen und deren Entstehungsursachen. Die schamanistische Heilsweise ist eine Einbahnstrasse, in welcher der Schamane die Geschwindigkeit vorgibt, da er gewissermaßen mit dem Leiden des Patienten verschmilzt. Moderne Psychotherapie, nicht nur in Zeiten der Postmoderne, sondern bereits in ihren Ursprüngen bei Sigmund Freud und seinem Kreis der Psychoanalytiker im Wien des 19. Jahrhunderts geht demgegenüber von einer interaktiven Beziehung zwischen Therapeut und Klient aus.

Drewermanns bildhafte, eigentümliche Sprache, derer er sich bedient, soll auf die Menschen heilend wirken und in Korrespondenz zur biblischen Rede vom „Heil" praktische psychologische Lebenshilfe im Sinne einer Selbstheilung bieten. Entgegen dem psychoanalytischen Therapieverständnis kommt bei Drewermann jedoch nicht die heilende Wirkung vom Wort, bzw. durch den therapeutischen Diskurs zustande, sondern durch die inneren Bilder, die nach seiner Überzeugung in jedem Menschen schlummern, da sie vererbte Symbole der Menschheitsgeschichte sind. Von Kritikern, wie beispielsweise Keinzel, Tenzler u. a. wird dagegen zu Recht bezweifelt, ob diese inneren Bilder, die Drewermann als Leithilfen zur seelischen Gesundung bemüht, tatsächlich angeboren sind, wie von Jung behauptet, oder ob sie nicht vielmehr durch Erziehung und Sozialisation übernommene internalisierte Restitute früher Objektbeziehungen sind. Also nicht, wie Jung angenommen hat, ererbte Ahnungen und Bilder, sondern durch kulturelle Einflüsse übernommene bildhafte Vorstellungen konkreter Beziehungserfahrungen, die vor allem in den frühen Lebensjahren eines Menschen stattgefunden haben. Wenn es sich aber um erworbene Bilder aus der Lebensgeschichte eines Menschen handelt, wie zu Recht angenommen wird, so ist eine Aufarbeitung der hiermit verbundenen Leidensursachen im klassischen therapeutischen Dreischritt: Erinnern, Wiederholen und Durcharbeiten, der geeignete Weg, die Quellen der Leiden aufzudecken. [45] In der Regel findet ein solcher therapeutischer Prozeß vorrangig als sprachlicher Diskurs statt, vor allem dann, wenn die Ich-Struktur des Patienten noch nicht gefestigt erscheint. Bildhafte Deutungen oder die imaginären Auseinandersetzungen mit den inneren Bildern von Träumen und archetypischen Grundmustern wären lediglich zusätzliche Instrumentarien und nicht die Methoden sui Generis.

Den Weg zu den inneren Bildern, welche im Traumgeschehen in Erscheinung treten, bereitet Drewermann durch eine, gelegentlich ins Beschwörende gesteigerte Darstellungsform vor. Seine suggestive und poetische Sprache, mit der er seine Deutungskunst präsentiert, leidende Selbstbetroffenheit vorgebend und mit einem seltsam monotonem Sound daher kommend, zieht den Leser oder Hörer unwillkürlich in seinen Bann und spricht vor allem dessen emotionale Seite an. Diese Darstellungsform entzieht sich einer rationalen Distanz und macht verständlich, weshalb sich sein Zuhörerkreis so sehr von ihm gefangen nimmt und einer enormen Faszination erliegt. Dem Leser oder Hörer soll, in Analogie zur schamanischen Heilungsweise, „die Fähigkeit eines emotionalen, traumnahen Verstehens" vermittelt werden, das nach seiner Überzeugung den therapeutischen Prozeß in Gang setzt.[46] Mitunter gerät sein Stil, der offensichtlich eine emotionale Reaktion des Lesers oder Hörers vordergründig in Betracht zieht, ins „Kitschige".[47] Die affektiv stark besetzten Bilder, die er seinen traumhaften, gleichnishaften Texten unterlegt, sollen die therapeutischen Dimensionen seiner Deutungen aufzeigen. Die Mittel zur Interpretation sieht Drewermann vor allem in denjenigen psychischen Kräften, „die vom Verdikt des neuzeitlichen Objektivitätsideals" am meisten betroffen sind: „die Fähigkeit eines traumnahen, bildernden und bildhaften Verstehens der Symbolsprache der wesenhaft *dichterischen* Aussageform der Mythen, Märchen, Legenden etc., sowie die Kunst, die einzelnen Erzählinhalte auf die *Gefühlsbedeutungen* für die verschiedenen Akteure in den Erzählungen selber zu befragen".[48]

Indes gilt es zu bedenken, dass seine Auslegungsmethode und sein Sprachstil auf seine eigene Person und seinen Bildungsgang zugeschnitten sind was es anderen oftmals schwer macht, ihm inhaltlich oder gar einfühlend zu folgen. Und hier legt Drewermann die Meßlatte einfühlenden Verstehens sehr hoch an. Die von ihm genannten Voraussetzungen der Praxis tiefenpsychologischen Verstehens von Texten und psychischen Phänomenen, sind: „Gründliche Kenntnisse der verschiedenen tiefenpsychologischen Schulen und ihrer Auslegungsverfahren , ein gewisses Maß an Introspektionsfähigkeit, Sensibilität und Einfühlungsvermögen, sowie die Fähigkeit, dichterische Gestalten, Figuren des Traumes, für ebenso wirklich zu nehmen wie Personen und Eindrücke der äußeren Realität".[49] Angesichts solcher Anforderungen kann eigentlich nur erwartet werden, dass der Leser sich vor der Gelehrsamkeit des Autors verneigt und auf jedwede eigenen Versuche verzichtet und zum Bewunderer wird, der den Gedankenwelten seines Magisters anhängt, welcher ihn zum selbständigen Verstehen anleiten wollte und der auf diese Weise jedoch zum Magier einer egozentrierten Heilslehre wird.[50] Zur Selbsthilfe, wie Drewermann seine Texte verstanden wissen will, sind vermutlich unter diesen Bedingungen nur die wenigsten fähig. Alleine die sprachliche und intellektuelle Aufbereitung, mit der er seine textlichen Interpretationen vorträgt verhindert in der Regel, die Hörer oder Leser zu selbständigen Deutungen anzuregen. Im Kontext seiner Interpretationskunst wird ethnologisches, literarisches und religionswissenschaftliches Material bemüht, mit der Drewermann seine Deutungsbilder expressionistisch einfärbt, wobei vermutlich den meisten seiner Zuhörer spätestens hier der Mut verläßt, eigene Interpretationen zu entwickeln, die sich auf die eigene psychische Problematik beziehen lassen. Damit verfehlen sie aber die beabsichtigte therapeutische Wirkung, zu der sie der Autor verstanden wissen wollte. Die rethorisch brillante Darbietungsweise einer derartig überbordenden Materialfülle verstärkt vielmehr den Eindruck der Kompetenz des Interpreten, als dass sie eine wirkliche Hilfe für die betroffenen Menschen sein kann. Im Kontext eines solchen therapeutischen Konzeptes erfüllen sie allenfalls die Funktion eines schamanenhaften Instrumentariums, welches eine aktive Mitwirkung des Patienten an seinem Heilungsprozeß verhindert. Einer der schärfsten Kritiker Drewermanns, der Theologe Jörg Frey hat zu dem gewollten oder unbeabsichtigten Charisma, welches die Zuhörer überwältigt, bemerkt: „Wer so endlos und überfließend von indianischen Mythen und ägyptischen Gottheiten, von psychoanalytischen Theorien und literarischen Werken zu sagen weiß und dies alles auch noch zu einem alles umgreifenden und zugleich unauslotbar tiefsinnigen Ganzen zusammenfügen kann, der bindet sich sein Auditorium gleichsam an seine Lippen, so dass es die Fülle der vorgetragenen Deutungen dann weniger in kritischprüfender Distanz als vielmehr in gebanntem Staunen wahrnimmt".[51] Entweder rufen Drewermanns weitschweifige Deutungen einen heftigen Widerwillen hervor, da unter aller schimmernden Faszination, ein apodiktisches und entmündigendes Element zu spüren ist, oder aber seine ins Esoterische gewendete Psychologie trifft auf eine breite Schar ergebener Jünger. Seine poetische und bisweilen beschwörende Sprache erweckt den Eindruck, dass neben aller Absicht, das Unaussprechliche der menschlichen Seele hervorzurufen, sie auch dazu dient, Eindeutigkeiten zu vermeiden, was im therapeutischen Kontext die Vermeidung klarer Diagnosen bedeutet. Jenseits allen Staunens aber bleibt für die meisten seiner Anhängerschaft und therapeutisch weniger

Kundigen nur der Konsum seiner Vorträge, Bücher und Kassetten mit denen sie alleine gelassen werden und die nichts anderes sind als unzureichende Hilfen zur Selbsthilfe.

Der Leser oder Hörer fühlt sich unter dem Einfluß seiner expressiven Wortgemälde „wie vor einer Ikonostase oder einem spätmittelalterlichen Altar, in ein sprachlich bewegtes und doch zeitlos wirkendes Bild hineingezogen", wobei die endlosen Wendungen der Deutungen und Schilderungen jene Schwingungen auslösen, die den Leser selber in eine Art der Ergriffenheit versetzen, welche ihn weniger auf seine inneren Bilderwelten hinweisen, als dass er der Faszination solcher Deutungskunst erliegt.[52] Drewermanns Theologisierung der Jungschen Konzeption läßt sich, insoweit sie diesen Darstellungsformen anhängt, als eine Form von psychotherapeutischem Fundamentalismus begreifen, der alles aus einer diagnostischen Sichtweise betrachtet und welcher demzufolge alles durch eine Universalmethode heilen möchte. Besonders da, wo er seine Archetypenlehre predigt, wirkt er „erbarmungslos apodiktisch, so dass man an dieser Stelle nicht „zu Unrecht neue Unfehlbarkeitsansprüche" vermutet.[53]

In Drewermanns therapeutischem Konzept wird die Jungsche Theorie nicht nur programmatisch vorausgesetzt, sondern zugleich zur Begründung unumstößlicher Wahrheiten herangezogen. Nur durch die inneren Traumbilder, die archetypisch gedeutet werden, lassen sich seinen Ausführungen zufolge, die wahren Probleme und Daseinskonflikte erschließen. Dieser universalistische Anspruch diskreditiert nicht nur andere Formen der Wahrnehmung psychischer Probleme, wie etwa objektbeziehungstheoretische Konzepte, wie sie von Otto F. Kernberg u. a. vorgelegt wurden, sondern läßt sie einfach nicht mehr zu. So erscheint es nur konsequent, dass Drewermann den quasireligiösen und mythischen Charakter der Jungschen Psychologie zu einem therapeutischen Dogmatismus ausgeweitet hat und mit der tiefenpsychologischen Verortung seiner theologischen Rezeptionen verknüpft. Indem Drewermann durch die Verabsolutierung der Archetypenlehre in seinen therapeutischen Bezügen alle sozialen Bedingungen außer Acht läßt, und ein schamanisches Ideal von Priestertum und Therapeut anbietet, das leicht zu einer undurchsichtigen Bindung an seine Person führt, wird er zum Guru einer unspezifischen Seelentherapie. Diese wird gleichermaßen in Fragen der Gottesentfremdung und der Entfremdung des Menschen von sich selbst infolge seelischer Leiden in Anspruch genommen. Angesichts der rabiaten Apodiktik, mit der er sein therapeutisches Konzept vertritt, darf bezweifelt werden, ob seine Deutungen wirklich den einzelnen in seinem Sosein bestärken, oder ob sich nicht dessen Eigenständigkeit in der Verschmelzung mit den vorgegebenen archetypischen Bildern geradezu auflöst.[54]

Drewermanns apodiktische und reflexionslose Übernahme der Jungschen Archetypenlehre, die er als Tatsachen sieht, ist denn auch zu Recht von Seiten der Theologie als auch durch die nichtjungianische Psychologie kritisiert worden, da der empirische Gehalt der Archetypen mehr als umstritten ist. Die Rezeption der Jungschen Tiefenpsychologie konstruiert eine Rezeptur mythisch gegründeter und zugleich zeitgemäßer Psychotherapie für den alltäglichen Hausgebrauch, die zugleich mit einem Universalitätsanspruch auftritt. Indem er sie ausschließlich an die intuitiven Vorgaben seines eigenen Verstehens anbindet und mit dem Instrument seiner überwältigenden Beredsamkeit den Menschen offeriert, rückt seine therapeutische Lehre bedenklich nahe an die Grenze zum Esoterischen, was durchaus einem hedonistischen Zeitgeist breiter mittelständischer Bildungsschichten entgegenkommt. Drewermanns Anspruch, den Menschen aus der Einsamkeit seiner Angst zu befreien, verkehrt sich unter der Wucht seiner egozentrierten Psychologie in ihr Gegenteil. In Wirklichkeit eröffnen seine therapeutischen Rezeptionen dem Individuum die Möglichkeit, sein Glück in privater Exklusivität und sozialer Indolenz zu suchen, was seine Einsamkeit zusätzlich fortschreibt. Deshalb erweist sich seine Therapie zur Befreiung des Menschen aus seinen fundamentalen Ängsten bei näherem Hinsehen als eine sozial völlig unverbindliche und radikal unpolitische psychologische Spiritualität des privaten Glücks. Trotz aller Ausschließlichkeit mit der Drewermann die tiefenpsychologischen Position der Archetypenlehre C. G. Jungs rezipiert, sieht er ihre Möglichkeiten nicht in dem Ausmaß als ubiquitär, wie er von ihr behauptet, wenn er ihr zugesteht, nicht die Macht zu besitzen, jene Bilder der Psyche auf die Ordnungsstrukturen der Gesellschaft zu übertragen, um sinnvermittelnd auf diese einzuwirken. Zudem scheint er ihr auf Dauer der Zeit nicht zu trauen. So bemerkt er, dass sie nur eine Methode ist, die eines Tages vergehen wird, in eine Zukunft, wenn sie ihren Heilsdienst getan hat.[55] Bis dahin wird sie unser aller Schicksal und Ärgernis bleiben oder der ewige „Steinbruch", aus dem sich die Propheten der Wendezeit bedienen.

Selbsterlösung in der postmodernen Wendezeit

Jener Rekurs auf die Archetypen, den die Jungsche Tiefenpsychologie vorschlägt, um sich somit unter der Gewalt einer unabänderlichen Macht zu stellen bedeutet, den entscheidenden Schritt zur Selbsterkenntnis zu gehen und somit in den Prozeß der Selbstheilung, ja, der Selbsterlösung von den seelischen Gebrechen, einzusteigen. Dies ist in der Lesart Jungs, auf den sich Drewermann beruft, nur unter der Annahme möglich, dass das individuelle Selbst, um dessen Heilung es im weitesten Sinne geht, nur die Realisierung des Archetypus im Subjekt ist, wodurch das Leben der Menschen ergriffen wird. Hierbei bleiben die sozialen Kategorien von Schuld und Verantwortung, Unschuld und Zivilcourage unpersönliche Größen[56] und sind demzufolge von der Selbstverantwortung des Subjekts, welches sich als Teil einer sozialen Gemeinschaft zu begreifen hätte, abgekoppelt. Jene egozentrierte Position als Selbstbeschäftigung eines Individuums mit sich, wird besonders im Jungianischen Gottesbezug deutlich, der herausgelöst erscheint aus der Gemeinschaft der gläubigen Mitmenschen und statt dessen als eine kontemplative Begegnung verstanden wird, bei der man Gott auch unter der Einsamkeit eines nächtlichen Sternenhimmels begegnen kann.[57] Entgegen allen Hoffnungen im Hinblick auf archetypische Deutungsversuche, um hierdurch geeignete Antworten auf die persönliche Misere des Lebens zu erhalten, bleibt der einzelne, sich selbst überlassen. Als Chimäre erweist sich der uralte Traum der Menschheit nach gnostischer Selbsterlösung. Insofern bietet die Archetypenlehre keinen Ausweg aus den Fragmentierungen einer modernen Massengesellschaft und ebensowenig scheint sie geeignet, die Lebensbrüche und Traumatisierungen, denen die Menschen in ihren Leiden biographisch ausgesetzt waren, „heilend" zu begegnen Die Auseinandersetzung mit dem Vater- oder Mutterarchetypus, wozu die Jungianische Therapie rät, um die deprimierenden Kindheitserfahrungen symbolisch zur Sprache zu bringen und somit dem Leiden an sich selbst auf seinen Ursprung zu kommen, verblaßt letztendlich vor den profanen Konflikten des Alltags. Die sozialen und persönlichen Probleme, welche aus den Bedingungen einer entfremdeten Gesellschaft für den einzelnen erwachsen und die familiären Verstrickungen aus Herkunft und sozialem Umfeld oder die Unzulänglichkeiten und Mißverständnisse in einer Partnerschaft lassen sich nicht ohne weiteres durch Rekurse auf archetypische Deutungsbilder bewältigen. Noch weniger geeignet scheinen sie im Hinblick auf psychische Leiden zu sein, die dem betroffenen Individuum als innere Zerrissenheit, als Schauplätze widerstreitender Stimmen und Gefühleslagen vorkommen, bei denen ihr Handeln von eigenmächtigen, ungewollten und dennoch zugehörigen Kräften durchkreuzt wird. Wenngleich der Frankfurter Erziehungswissenschaftler Micha Brumlik in seinem Buch *C. G. JUNG ZUR EINFÜHRUNG* zu der Überzeugung gelangt, dass die Funktion eines bildhaften und kollektiven Unbewußten für die Entwicklung der Individuen und ihrer Kultur nicht stark genug betont werden kann, so bleiben doch Zweifel darüber bestehen, ob in der, zugegebenermaßen erstaunlichen Deutungskraft der Archetypen im Hinblick auf künstlerische Produkte und den Bilderwelten von Mythen und Märchen, nicht doch eher eine metaphysische Gegenwelt errichtet wird, welche die Bewältigung profaner, aber um so dringenderer Gegenwartsprobleme außen vor läßt. Ganz abgesehen davon, dass sie den individuellen Bedürfnissen und Leiden des einzelnen in ihrem Verallgemeinerungsanspruch nicht gerecht werden können. Jenseits aller Reflexionsschleifen und der Amplifikation archetypischer Bilderwelten auf den Alltag des Individuums, bleiben dennoch die Sorgen um den Arbeitsplatz, die Konflikte in der Kindererziehung und vieles an Alltäglichem ungelöst. Zudem verhindern derlei Deutungen den kritischen Blick auf die Entstehungs- und Wirkungsweisen gesellschaftlicher und politischer Determinanten.

C. G. Jung entdeckte 1912-1913 seine Archetypen und entwarf um sie herum eine Lehre, welche der Gesellschaftlichkeit des Menschen wenig Beachtung schenkte. Seine eigenen introvertierten Erfahrungen transformierte er zu einer Tiefenpsychologie mit empirischem Anspruch, die vorgibt auf die allgemeinen seelischen Leiden der Menschen eine Antwort zu geben. Kritiker, wie Johannes Tenzler werfen ihm daher einen Empirismus vor, der seine eigenen Innenerfahrungen verallgemeinernd auf die Gesamtheit psychischer Phänomene bezieht. Indem er zugleich gegen den naturwissenschaftlichen und positivistischen Anspruch der Psychoanalyse Freuds zu Felde zog, versuchte er mit Hilfe der Archetypen des kollektiven Unbewußten eine Deutungsmethode entgegenzusetzen, die imstande war, Verbindungen herzustellen, zwischen Geist und Trieb, Mensch und Menschheit, Mensch und Tierwelt, Mensch und Kosmos, Mikrokosmos und Makrokosmos und schließlich zwischen Geist und Materie, wozu er sich alchemistischen Studien hingab. Im Gegensatz zu Freud, der die archaischen Triebe und Instinkte des Menschen durch die Entfaltung des Ichs und zu bannen glaubte, wirken bei Jung alle antagonistischen Kräfte des Unbewußten in der Persönlichkeit weiter. Indem sie nicht verdrängt werden, bilden sie im Verständnis der Archetypenlehre die Voraussetzung zur Individuation menschlicher Identität. Diese transanalytischen und transpersonalen Ansätze kommen indes der Zerrissenheit der Postmoderne entgegen. Sie entsprechen in ihrer bildhaften Überzeugungskraft der Suche nach Ganzheit, Harmonie und Integration. Daher befriedigen die Archetypenlehre und diejenigen postmodernen, auf Ganzheitlichkeit bedachten „Wendezeittheorien"[58], die sich auf Jungs Lehre berufen, in weiten Zügen verschiedene Grundbedürfnisse der gegenwärtigen Gesellschaft. Hierzu gehört ein zuweilen fast suchtähnliches Verlangen nach subjektivem Erleben, wobei ein regressives Zurückfallen in narzißtische Gewohnheiten und die Verleugnung gesellschaftlicher Kategorien bewußt oder unbewußt in Kauf genommen wird.

In seinem Buch *Mythos und Emanzipation – Eine Kritische Annäherung an C. G. Jung* versucht Tilman Evers in dem regressiven Charakter der Archetypenlehre noch jenen emanzipatorischen Gehalt aufscheinen zu lassen, der dem modernen Menschen zur Bewältigung seiner Daseinsprobleme dienlich sein kann. In ihm erblickt er eine „befreiende Latenz, die zu erschließen, für heutiges gesellschaftsveränderndes Denken und Handeln wichtig wäre."[59] Ausgangspunkte seiner Überlegungen sind die Annahmen, dass angesichts der Bedrohungen durch übermächtige Dingwelten, die Kraft und Orientierung für Emanzipatorisches, Gefahr läuft, verloren zu gehen. Damit geht er dem Problem auf den Grund. Für ihn ist dies allerdings kein Anlaß, emanzipatorische Visionen gänzlich in Abrede zu stellen. Daher hat diese existentielle Ratlosigkeit, welche die übermächtigen Dingwelten für das Individuum auslöst, für Evers ihr Gutes, da hierin ebenfalls die Möglichkeiten zur Veränderung liegen. Die Ratlosigkeit angesichts der unüberschaubaren Komplexität soll daher zurückführen in die Tiefen, von denen sich die übermächtigen Bedrohungen nähren. Evers übersieht jedoch, dass eben diese numinösen Mächte, nämlich jene Archetypen den Menschen in ihre Abhängigkeit bringen und seine Emanzipation verhindern. Mit anderen Worten, mit dem Belzebub aus dem kollektiven Unbewußten soll der Teufel der Unfreiheit ausgetrieben werden. Wie bereits Jung argumentiert, sollen der emanzipatorische Gehalt und schließlich die Befreiung des Individuums aus der Regression in die archetypischen Tiefen des kollektiven Unbewußten zum Vorschein gelangen. Da aber den Archetypen ein irrationaler Charakter zugestanden werden muß, der sich einer empirischen Überprüfung entzieht und dieser sich zudem in unterschiedlichen Erscheinungsformen äußern kann, darf bezweifelt werden, ob emanzipatorisches Denken und Handeln durch den Rekurs auf archetypische Bilderwelten möglich wird.

Überdies wird von Autoren wie Eugen Drewermann, C. G. Jung, den „Wendezeittheoretikern" und schließlich Tilman Evers unterstellt, dass an den historischen Veränderungsprozessen, die das Individuelle bedrohen, auch jene numinösen Kräfte in einer nicht durchschaubaren Weise beteiligt sind, die zur kollektiven und individuellen Gesundung herbeigesehnt werden. Indem den Archetypen eine autonome Wirkungskraft unterstellt wird, die sich dem Einfluß des Subjekts entzieht, verbietet sich von vornherein jede Reflexion darüber, ob die im Archetypus enthaltene Symbolik identisch mit den subjektiven Leiden ist. Nicht der Leidende besitzt ein Bild über sein Leiden, sondern der Archetypus gibt ihm vor, wie sein Leiden auszusehen hat. Die Archetypen erschaffen sich ein selbständiges Reich, welches nur über Intuition und Phantasie zu betreten ist, jenseits allen Denkens, dessen Bestimmungen sich aber das Denken zu unterwerfen hat, ohne sie selber reflektieren zu dürfen. Im Unterschied zu einer sprachlich diskursiven Annäherung an die Probleme, was in gewisser Weise eine soziale Komponente beinhaltet, verbleibt die Intuition und Phantasie bildhaft egozentrisch fixiert. Ohne in eine Beziehung mit dem anderen, dem alter ego, einzutreten, liefert sich das Subjekt einer archetypischen Ungewißheit aus, die so oder so über sein Schicksal entscheidet. Sagt doch Jung selber über ihn aus: „der Archetypus enthält Tiefstes und Höchstes, Böses und Gutes ... Es ist darum nie von vorneherein auszumachen, ob er sich positiv oder negativ auswirken wird."[60] Nur der Archetypus bestimmt die Art und den Ablauf der Gestaltung des Prozesses, „mit einem anscheinenden Vorwissen oder im apriorischen Besitz des Zieles ..."[61]

Die Flucht in die archetypischen Gegenwelten basieren auf einer spätromantischen Tradition, welche die gesellschaftliche Bedingtheit der Individuation leugnete. Hier wie dort wird die Flucht in die Gegenwelten, beziehungsweise in die Natur zu einer Flucht aus der Gesellschaft und vor der möglichen Einsicht, für deren Zustand mitverantwortlich zu sein. In Caspar David Friedrichs Bild *Der Mönch am Meer* ist die Abwendung von der modernen Welt und der Suche nach pseudoreligiöser Sehnsucht nach Einsamkeit und Kontemplation in das Mystische deutlich sichtbar. So wie die Spätromantik auf die Auflösung der selbstverständlichen Integration aller menschlichen Beziehungen in einen gesellschaftlichen Kontext durch Flucht in die Natur reagierte, so reagiert die Archetypenlehre auf die Komplexität moderner Welten mit der Verheißung der Selbsterlösung kraft eigener Innerlichkeit. Indem die Einsamkeit in der Romantik aufgesucht wurde, verlor sie ihre deprivierende Funktion und das Individuum war mit sich im Reinen. Es bedurfte nicht mehr des Interesses des anderen, so wie in Goethes *Die Leiden des jungen Werther* der Graf sich distinguiert von Werther abwendet und dieser in der Einsamkeit der Natur Trost findet, die ihm seine Demütigung vergessen läßt. In der Romantik versöhnte sich das vereinsamte Subjekt mit der Natur und sah sich als Teil von ihr, eingebettet in einer harmonischen Gegenwelt zur kalten Gesellschaft, die stets in feindlicher Absicht dem Individuum entgegentritt. Die Propheten der „Wendezeit" verheißen dem Subjekt die Versöhnung mit sich selbst, ohne Bezug zur Außenwelt, selbst auf die Gefahr hin, dass sich objektiv an der Situation nichts ändert. Nicht die Integration des Individuums in die äußere Welt, so möchte man meinen, ist gefordert, sondern allenfalls die Verschmelzung mit der eigenen Egozentrik. Die durch die Gesellschaft hervorgerufenen Leiden und das Leiden an der Gesellschaft überdauern jede Regression in die Nischen archetypischer Scheinwelten. Die krisenartigen Erscheinungen in der Gesellschaft und die Störungen des sozialen Verhaltens und des Handelns werden hierdurch nicht geringer. In der Postmoderne entpuppt sich die Gesellschaft immer mehr als ein selbständiges, gesetzmäßiges Gebilde, wenngleich sie letztlich auch in biologischen und psychologischen Prozessen fundiert ist. Jenseits aller idealistischen Hypostasierungen, die ihr im romantischen Verständnis zugesprochen wurden, läßt hingegen die Einsamkeit der archetypischen Begegnung in der modernen Gesellschaft den einzelnen mit seinen Leiden an ihr und an sich selbst allein.

Jungs Versuch der Entsorgung der Vergangenheit

In ihrer romantischen Hinwendung und deren Rekurs auf archetypische Bilderwelten liegt die eigentliche Neuerung der Jungschen Psychologie gegenüber der Psychoanalyse Sigmund Freuds. Insofern liegen Romantik und Tiefenpsychologie bei C.G. Jung eng beieinander, war doch die Romantik eine bildhaft darstellende und gleichermaßen literarisch und musikalisch zu erschließende Geistes- und Kulturrichtung. Darüberhinaus kommt jedoch jener politische und ideologische Sachverhalt ins Spiel, auf den sich im 19. Jahrhundert die völkischen Nationalisten [62] stets berufen haben und den Jung selber abgestritten hat, da er seine Archetypenlehre als eine innengeleitete Sichtweise verstanden wissen wollte. Indem er seiner Archetypenlehre ein romantisch - völkisches Verständnis des kollektiven Unbewußten unterlegte, lieferte er zwangsläufig der nationalsozialistischen Weltanschauungslehre jene Anthropologie zu, die diese zur Durchsetzung ihrer Rassenpolitik benötigte. Damit beanspruchte er ein Denkgebäude, was sich mit den Vorstellungen faschistischer Gesellschaftsentwürfe im allgemeinen und in der Phase der nationalsozialistischen Machterweiterung nach 1933 liieren konnte, in dem Bewußtsein, von diesen Bewegungen selber bestätigt zu werden und zu ihrer Bestätigung beizutragen. Und hierin liegt das eigentliche Problem, welches, unter kritischen Gesichtspunkten betrachtet, die Jungsche Lehre, auf die sich die Vertreter der New Age–Bewegung stützen, für postmoderne Deutungslehren beinhaltet. Von den Wendezeitautoren dieser Bewegung der Postmoderne wird verschwiegen oder einfach nur übersehen, dass sie mit der Bekräftigung der Jungschen Paradigmen jenem Tiefenpsychologen zu neuer Akzeptanz verhelfen, der sich zur Zeit des Nationalsozialismus wie kaum ein anderer vergleichbarer Denker für die nationalsozialistische Zeitenwende engagiert hat und dessen Lehre nach wie vor für autoritäre und reaktionäre Systeme zu vereinnahmen ist. Noch nach dem Zusammenbruch interpretierte er seine Lehre und den tiefen Fall eines Kollektivs in die Barbarei als einen Weg, durch den die volle Kreativität und Dynamik der menschlichen Seele erschlossen wird und an dem die übrige Welt genesen könne.

Somit trat Jung nach dem Zusammenbruch des Dritten Reiches an, die Vergangenheit zu entsorgen, indem er versuchte ihr Positives abzugewinnen oder sie im Sinne einer seelischen Erkrankung zu relativieren. Hierzu beschritt er in der Hauptsache drei Wege. Erstens sprach er den deutschen Tätern und Mitläufern Hoffnung in ihre Zukunft zu, da er der grauenvollen Vergangenheit trotz allem einen positiven Gewinn abgewinnen wollte, gemäß der Vorstellung, dass Gott gerade über diejenigen Schuld und Sündenelend verhängt, die zu großen Taten ausersehen sind. Darüber hinaus hat er den Deutschen geraten, ihr Kollektivschuld nicht abzustreiten, damit sie die Chance erhalten, in Zukunft moralisch zu reifen, denn ohne Schuld und Verstrickung in das Böse gebe es nun mal „keine seelische Reifung" und keine „Erweiterung des geistigen Horizontes".[63] Des weiteren legte er den Deutschen nahe, die Geschichte des Nationalsozialismus als eine seelische Erkrankung zu verstehen, was zur Konsequenz hat, dass die Täter und Mitläufer, die das Regime unterstützt haben, für ihre Taten zumindest nicht voll verantwortlich zu machen sind. In dieser Lesart verstand er den Nationalsozialismus als eine zwölfjährige, andauernde kollektive Hysterie, deren Ursachen in tief sitzende Minderwertigkeitsgefühle lagen und die dazu führten, diese mittels heftiger Imponierattitüden zu kompensieren, die zugegebenermaßen pathologische Merkmale aufweisen. Mit anderen Worten, das kollektive „Ableiten" in den Nationalsozialismus wurde von Jung im pathologischen Sinn als Neurose verstanden. Hierbei gilt freilich zu bedenken, dass Jung die Neurose in gänzlich anderer Weise sieht als Freud. Während Freud die Neurose als ein von außen aufgeherrschter Zwang betrachtet, der den Menschen einverleibt und ihm zu einer zweiten Natur, eines krankhaften zwar, aber innerlichen psychischen Zustandes wird, gewissermaßen Bestandteil seines Selbst, von der er sich mittels Therapie und Selbstaufklärung befreien soll, vermag Jung in ihr etwas positives zu erkennen, was vor allem für die kollektive Neurose gilt. Der Zwang, den auch Jung sieht, hat hingegen etwas heilsames, wenn man ihn nicht verdrängt und überwindet, sondern ihn auslebt, weil sich durch ihn auch der unbewußte Kollektivgeist oder „die Stimme des Herzens äußert".[64] Im Gegensatz zu Freud meint Jung, dass nur durch die Akzeptanz des inneren Zwanges und seine bewußte Aufnahme und Integration in das Ganze der Person, und dies gilt in gleicher Weise für das Kollektiv, Heilung erfolgen und die innere Dissoziation überwunden werden kann.

Im Hinblick auf die Diagnose subjektiver psychischer Krankheitsphänomene mag diese Einschätzung durchaus richtig sein, wenn es darum geht, individuelle seelische Störungen auf deren Ursachen hin zu untersuchen. Der Schweizer Psychotherapeut überträgt jedoch diese Kategorien in Deutungszusammenhänge, die sie falsch erscheinen lassen, da er die realen gesellschaftlichen Bedingtheiten solcher kollektiven „Krankheitserscheinungen" abstreitet. Abgesehen davon, dass richtige Diagnosen nicht dadurch richtiger werden, wenn sie auf falsche Zusammenhänge übertragen werden, erweckt Jung den Eindruck, sie seien als jäher Ausbruch von Naturgewalten über die deutsche Gesellschaft hereingebrochen und der Verantwortung einzelner und unterschiedlicher gesellschaftlicher Kräfte und Interessen entzogen. So plädiert er dafür, die Deutschen weniger als Verantwortliche zu beurteilen, denn es wäre richtiger, sie als Erleidende zu sehen, „denn in Deutschland ist das Unwetter ausgebrochen, während wir noch an das Wetter glaubten".[65] Solche Deutungen verfolgen, neben dem Versuch, ungeheure Vorkommnisse und deren moralische Bruchstellen durch psychische Diagnosen zu überdecken und einzuebnen, auch den Zweck, Verantwortung von jenen fernzuhalten, die in der Vernichtungsmaschinerie tätig waren. Denn Jung spricht den Deutschen eine kollektive Neurose zu, die sie als psychisch Kranke definiert, nicht aber als Verbrecher und Handlanger der millionenfachen Völkervernichtung. „Wenn ich von den Deutschen sage, sie seien psychisch krank, so bin ich doch wohlwollender, als wenn ich sage, sie seien Verbrecher. Eine Neurose oder neurotische Disposition ist nichts Unehrenhaftes, sie ist ein handicap und gelegentlich eine facòn de parler". [66] Hierzu hat Theodor W. Adorno bemerkt, dass die persönliche Lädiertheit zum Stereotyp degeneriert, „das lediglich das Bewußtsein der eigentlichen Verantwortung von einem fernhält, indem das Subjekt sich zu einem Objekt der Pathologie verdinglicht ."[67]

Jung versucht das individuelle Versagen unzähliger Täter, Mitläufer und Handlanger damit zu relativieren, indem er eine Kollektivschuld einfordert. Diese will er nicht im juristischen und auch nicht im moralischen Sinne verstanden wissen, sondern sie hat für ihn eine ausschließlich psychologische Bedeutung. Beabsichtigt oder nicht, dieser umstrittene kollektive Schuldbegriff entläßt den einzelnen aus seinen persönlichen Dispositionen, der sowohl in sozialer als auch in moralischer Hinsicht dessen subjektive Verantwortung in einem unübersichtlichen Ensemble kollektiver Verstrickungen verschwinden läßt. In diesem Sinne konnte Albert Speer vor dem Nürnberger Kriegsverbrechertribunal seine Rolle als hoher Funktionsträger im Dritten Reich und seine offenkundige Beteiligung an den Untaten des Regimes damit korrumpieren, dass er sich in einer abstrakten Weise zu einer sogenannten Gesamtverantwortung bekannte, die er aus der bloßen Tatsache ableitete, Mitglied der Regierung gewesen zu sein ohne jedoch individuelle Schuld zu verspüren und Verantwortung für die Verbrechen zu übernehmen, an die er indirekt oder in direkter Weise beteiligt war. In ähnlicher Weise entläßt Jungs abstrakter Begriff der Kollektivschuld in psychologischer und erst recht in moralischer

Hinsicht den einzelnen aus seinen Tatzusammenhang. So wie einst Speer seine subjektive Schuld und Verantwortung dadurch zu bannen suchte, indem er sich zur Gesamtverantwortung bekannte, die er zwangsläufig als Mitglied der Nazi-Regierung für sich reklamierte, bannte Jung im übertragenen Sinne die Schuld und Verantwortung zahlreicher Einzeltäter durch den Hinweis auf das kollektive Versagen, was schon alleine darin bestand, Teil dieser Gesellschaft gewesen zu sein und sich in der „Nähe des Bösen" aufgehalten zu haben. Damit entsorgt Jung nicht nur die Vergangenheit des deutschen Kollektivs, sondern auch die der Täter und Handlanger. Überdies meint er auch nicht mit Kollektivschuld die Einsicht in die wirklichen Schuldzusammenhänge, darüber schweigt sich der Schweizer Seelenforscher aus. Seine Kollektivschuldthese rekurriert allein auf das kollektive Unbewußte, für dessen Inhalte, Dispositionen und unbewußte Infekte niemand etwas kann. Denn die Kollektivschuld „ist ein tragisches Verhängnis; sie trifft alle, Gerechte und Ungerechte, alle, die irgendwie in der Nähe jenes Ortes waren, wo das Furchtbare geschah".[68]

Dieserart Äußerungen zur kollektiven Erkrankung der Deutschen in Form des Nationalsozialismus haben mit dafür gesorgt, die Vergangenheit kollektiv zu verdrängen und zur Gewissensentlastung potentieller Täter beizutragen. Somit dienten sie der Entlastung der Täter auch in moralischer Hinsicht, die nunmehr als Opfer numinoser Determinanten gesehen wurden. Hierdurch verschwand der Unterschied zwischen Täter und Opfer, da auch die Täter als Opfer schicksalhafter Mächte galten. In dieser zynischen Gleichsetzung von Opfer und Täter wird dann auch der tiefere Sinn jener Bemerkung eines jüdischen Häftlings in Auschwitz deutlich, dass die Deutschen uns nie verzeihen werden, dass sie uns umgebracht haben. Indessen blieb bei Jungs Nachkriegsanalysen unklar, ob die Diagnose der kollektiven Krankheit nur zur Erklärung von Verhaltensweisen herhalten mußte, oder ob sie zur Abwehr von Verantwortung und Schuld diente. Nach der Katastrophe konnte er auch nicht klar entscheiden, ob die Deutschen nicht so sehr als Täter, denn als Erleidende zu sehen sind. Was aber das anthropologisch determinierte Böse betrifft, so besteht laut Jung kein qualitativer Unterschied zwischen den Verbrechen der Täter und den entrüsteten und kämpferischen Antworten der anderen darauf. Die Deutschen haben in der retrospektivischen Schau C. G. Jungs auf das Grauen lediglich das Pech gehabt, in einer historischen Situation die Rolle des Sündenbockes zugewiesen zu bekommen, in der sie das auslebten, was immanent jedem Kollektiv innewohnt. Denn das Böse ist immer und überall und erst recht in den historischen Tiefen des kollektiven Unbewußten, wo es stets voller Virulenz lauert. Und so erscheinen die Deutschen abermals als Opfer. Waren sie zuvor Opfer übermächtiger seelischer Gewalten, welche als krankmachende und zersetzende jüdische Psychologie und Weltanschauung die eigene, „germanische" Kollektivseele überformte und indirekt zur Entfesselung archetypischer Gewalten beitrug, so waren sie nunmehr Opfer des immanenten Bösen, der allen Kollektiven innewohnt, an dessen Entzündung in ihnen sie selber beitrugen.[69] Über diesen tiefen Aspekt der Kollektivschuld sagt Jung schließlich aus, dass es einer eigentlichen „rite de sortie" bedürfe, der in einer feierlichen Schuldigerklärung und nachfolgenden Entsühnung von Richtern, Henker und Publikum bedürfe, um aus der Verunreinigung mit dem Bösen überhaupt herauszukommen.[70]

Jung rät daher den Deutschen, ihre zugeschriebene Kollektivschuld anzuerkennen, da sich hieraus ein doppelter Vorteil ziehen läßt, den Gess als die falsche Verinnerlichung und eine falsche Generalisierung bezeichnet.[71] Die falsche Verinnerlichung benutzt den Begriff der Kollektivschuld so, als handele es sich nur um ein Gefühl, ein irrationales zwar, dass man nicht herstellen und erzwingen kann, wenn es „echt" sein soll. Aus diesem Grund sei man den Deutschen eine Gegenleistung schuldig, wenn sie sich zu ihrer Kollektivschuld bekennen. Diese Gegenleistung besteht darin, sie als „anständige" Menschen anzuerkennen. Damit der „Heilungsversuch" nicht gefährdet wird, dürfe man ihnen auch nicht ihre „eigenen Greuel vor Augen stellen", weil hierdurch eine letztlich schuldabweisende Verdrängung hervorgerufen wird, die „den Ankläger im eigenen Herzen"[72] übertönt und somit die Bereitschaft zur Anerkennung der Schuld mindere. Dahinter scheint die Drohung zu stehen, wer uns zu oft an unsere negative Vergangenheit erinnert, dem werden wir dies nicht vergessen. Mit Hilfe seines Begriffes des kollektiven Unbewußten betreibt Jung zudem eine falsche Generalisierung aller ursächlichen Zusammenhänge, die das Grauen erst ermöglichen konnten, da alle Unterschiede ausgelöscht werden. Der Begriff der Generalisierung ist nicht nur indifferent, sondern auch in moralischer Hinsicht absurd und zynisch zugleich; denn sowohl Täter als auch Opfer erscheinen alle im kollektiven Einerlei des Bösen als vom Schicksal betroffene Individuen. Wenn aber alle der gleichen kollektiven Versuchung unterliegen oder potentiell Gefahr laufen, ihr zu unterliegen, was kann man dann den Tätern vorwerfen. Im Zeichen einer universalen Kollektivschuld sind alle gleich und jede konkrete Verantwortung geht darin unter. Hinter dieser undurchsichtigen Nebelwand entlastender Argumente könnte dann unversehens die Formel auftauchen, „dass die Juden selber schuld seien an ihrem Unglück" und die Täter nur dasjenige getan haben, was das potentiell Böse vom Kollektiv schon immer forderte. So wie die Täter das Pech hatten, in einer spezifischen historischen Situation, die sie selber anscheinend nicht beeinflussen konnten, zu Mördern zu werden, so traf die Opfer das „Unglück", in jener Zeit gelebt zu haben.

Vorgeblich sah Jung sich als Schweizer Bürger außerhalb des Geschehens stehen und war allenfalls bereit, Schuld im Sinne von Kollektivschuld zu übernehmen; obgleich er die nationalsozialistische Bewegung in den kritischen Jahren der Weimarer Republik mit Wohlwollen und nicht ohne Zustimmung unterstützt hatte. Auch seinen aktiven Beitrag zur Unterstützung des Naziregimes sah er in der unverbindlichen und diffusen Masse von Kollektivschuld untergehen. Nach dem Ende des Dritten Reiches nutzte er die Gelegenheit, so wie er die Deutschen als Opfer des kollektiven Unbewußten sah, so ganz nebenbei, sich ebenso als Opfer zu präsentieren: „Wir sind ... unschuldig, ja wir sind Opfer, bestohlen, betrogen, vergewaltigt, und dennoch oder eben gerade darum lodert die Flamme des Bösen in unserer moralischen Empörung".[73] Mit anderen Worten, sein ganzer argumentativer, psychologischer Aufwand, mit der er über Jahre seine Rassenpsychologie und Archetypenlehre dem Nationalsozialismus angleichen wollte, war im Grunde einer bombastischen Selbsttäuschung, einer Fata Morgana aufgesessen, die es jenseits allen vernünftigen Denkens nicht gegeben hat. In gewissem Sinne bekannte er sich auch zu seiner Auffassung der Kollektivschuld, da er wie viele Deutsche kraft der Teilhabe an demselben kollektiven Unbewußten in einer „participation mystique" und in „innerster Identität" mit dem deutschen Geschehen gewesen sei und dadurch selber in die „Unreinheit des Bösen" mit hineingezogen worden ist.[74] In Wahrheit bestand seine Teilhabe an der „participation mystique" unendlichen Grauens darin, dass er die sozial bedingten psychischen Bereitschaften mitbrachte, auf deren Klaviatur die nationalsozialistische Propaganda spielte, um mit Hilfe der Massen die mächtigen Interessen gegen die Massen durchzusetzen. Hiervon fühlte sich der Schweizer Psychotherapeut besonders angesprochen und in seinen Auffassungen bestätigt, nämlich dass aus dem falschen Schein der Propaganda und Ideologie das weithin im Unbewußten gehaltene Göttliche, das Unbedingte oder das Absolute selbst spricht, wo sie doch in Wirklichkeit nur die bestehende Seelenverfassung eines ganzen Kollektivs oder eines einsamen, zur Innenschau neigenden Propheten des Unbewußten, erfolgreich für ihre Zwecke einspannte.

Da aber die Deutschen das absolut Böse durchlitten haben, sind sie Jungs Ansicht zufolge, geradezu prädestiniert die innere Wende zu vollziehen und eine Unterlassungssünde wieder gutzumachen, welche die ganze Kultur angeht. Damit greift Jung auf ein Motiv zurück, was er bereits unmittelbar vor und nach der Machtübernahme durch die Nationalsozialisten bemüht hat. Damals ließ er verlauten, dass die Deutschen kraft ihrer schöpferischen Potenz, ihrer besonderen Begabung und Vitalität ihres kollektiven Unbewußten dazu berufen sind, dem „wahren innerlichen Wesen" des Menschen entsprechend, zu den „Archetypen des kollektiven Unbewußten zurückzukehren"[75] um eine „neue, naturnahe, authentische Ordnung hervorzubringen" und eine Weltanschauung, die es erlaube, „das Ganze der Schöpfung in seiner unerschöpflichen Mannigfaltigkeit" zu sehen und „dadurch den inneren Sinn der ganzen Bewegung zu erkennen".[76] Auf eben diese ganzheitlichen Aspekte der Archetypenlehre verweisen die Vertreter der Zeitenwende. Indem sie sich auf Jung berufen, liegen ihrer Theorie jene ganzheitlichen, gesellschaftsfernen Aspekte zugrunde, über deren Ursprünge in der Tradition faschistischer Denkweisen sie sich jedoch ausschweigen. Somit ist zu vermuten, dass ihre normativen Konzepte von Ganzheitlichkeit, All-Einheit und Integration „Bereitschaften legitimiert und verklärt, die einst in den Faschismus hineinführten oder doch mit ihm gut vereinbar waren".[77]

Das neue Denken, welches sie propagieren, könnte daher der restaurative Wegbereiter einer neuen Zeit und einer neuen postmodernen Gesellschaft sein, die nicht zur Emanzipation des Menschen beiträgt, sondern nur der Vertiefung und Perfektionierung einer technisierten Gesellschaft dient und im stetigen Rekurs auf die vermeintliche Kraft der Innerlichkeit und Ganzheitlichkeit des Selbst, die wahren Machtverhältnisse verschleiert. In seinem ständigen Rekurs auf die ganzheitlich verstandene Archetypenlehre des Schweizer Seelenforschers verhilft das „neue Denken" jenen autoritären Kräften zum Durchbruch, denen emanzipatorische Bestrebungen von Individuum und Gesellschaft entgegenstehen. Nicht das handelnde Subjekt soll Schöpfer seiner Geschichte sein, sondern die numinösen Mächte eines undurchschaubaren kollektiven Unbewußten. Der prophetische Blick in die Tiefen des kollektiven Unbewußten, läßt das kritische Bewußtsein ins Taumeln geraten und den Traum von der Selbsterlösung träumen, mit der es sich auch unter restaurativen Bedingungen trefflich leben läßt.

Nun sind die Archetypen weder ewig, noch sind sie überzeitlich dauerhaft, sondern an bestimmten Punkten der Geschichte erfunden. Sie sind differierend und veränderlich wie die Geschichte selbst und gelegentlich lösen sie sich auf, wenn ihr psychosozialer Gebrauch erschöpft ist. Wenn wir sie hingegen nicht ausschließlich als flüchtige Impressionen der Traumbilder und Imaginationen betrachten, laufen wir Gefahr, Veränderungen der Geschichte, die ihr zugrunde liegenden Weltbilder und ihrer gesellschaftlichen historischen Bedingungen nicht nur zu übersehen, sondern deren Tragweite in den Abgrund einer totalitären mystischen Gegenwelt versinken zu lassen.

Anmerkungen

1 Zitiert bei: Regine Lockot: Erinnern und Durcharbeiten - Zur Geschichte der Psychoanalyse und Psychotherapie im Nationalsozialismus. Frankfurt/M. 1985, S. 99.

2 Carl Gustav Jung, Ges. Werke, Band 2, S. 51.

3 Johannes Tenzler: Selbstfindung und Gotteserfahrung. Die Persönlichkeit C. G. Jungs und ihr zentraler Niederschlag in seiner „Komplexen Psychologie", Paderborn 1975, S. 374 f.

4 Carl Gustav Jung: Gesammelte Werke Bd. VI , S. 438.

5 Carl Gustav Jung: Zivilisation im Übergang, in: Gesammelte Werke Bd.10, Olten 1991 S. 190f.

6 Ernst Bloch: Das Prinzip Hoffnung, Bd.1, Frankfurt/M. 1973, S. 155.

7 Siehe hierzu: Franz Alt: Jesus - der erste neue Mann, Zürich 1989, S. 67.

8 Carl Gustav Jung: Wotan, in: Gesammelte Werke, Band 10, Zivilisation im Übergang, Olten 1991, S. 210.

9 C. G. Jung: Erwiderung auf einen Zeitungsartikel Ballys "Deutschstämmige Psychotherapie", in: Neue Züricher Zeitung und in: G.W. Band 10, S. 588.

10 C. G. Jung: Briefe 1, 1934, S. 214.

11 C. G. Jung: Gesammelte Werke Bd. 5, S. 199.

12 Miguel Serrano: Das goldene Band, Wetter 1987, S. 151 ff.

13 C. G. Jung: Ges. Werke, Band 7, Olten 1991 S. 166.

14 Heinz Gess: Vom Faschismus zum Neuen Denken. C.G. Jungs Theorie im Wandel der Zeit, Lüneburg 1994, S. 192.

15 C. G. Jung: Briefe, 1937, S. 296.

16 C. G. Jung Speaking. Interviews and Encounters. Edited bei William McGuire and R.F.C. Hull. London 1978, S. 128.

17 Ebenda, S. 135

18 Micha Brumlik: Die Gnostiker. Der Traum von der Selbsterlösung des Menschen. Frankfurt/M. 1995, S. 235.

19 C. G. Jung: G.W. Band 10, S. 585 f.

20 Zitiert in: Heinz Gess: Vom Faschismus zum Neuen Denken. C. G. Jungs Theorie im Wandel der Zeit, Lüneburg 1994, S. 62.

21 John F. Rittmeister: Voraussetzungen und Konsequenzen der Jungschen Archetypenlehre. In: Psychoanalyse und Nationalsozialismus, Beiträge zur Bearbeitung eines unbewältigten Traumas. Hrsg. von Hans-Martin Lohmann, 1984.

22 Paul J. Stern: C. G. Jung-Prophet des Unbewußten. Eine Biographie, München 1988, S. 229.

23 Ernst Bloch: Ebenda, S. 181.

24 Vgl. hierzu Manfred Foerster: Individuation und Objektbeziehung. Eine Auseinandersetzung mit der Analytischen Psychologie und der Archetypenlehre C. G. Jungs, Aachen 2000, S. 58f.

25 Hierzu: Manfred J. Foerster: Lasten der Vergangenheit. Betrachtungen deutscher Traditionslinien zum Nationalsozialismus, London 2006.

26 Ernst Bloch: ebenda S. 59.

27 R. Keintzel: C. G. Jung: Ergebnisse seiner Psychologie. Eine Kritik anhand des Begriffes der psychischen Inflation, Bonn 1977, S. 21.

28 Ernst Bloch: 1973, S. 67.

29 Theodor W. Adorno: Philosophie der neuen Musik, Frankfurt/M. 1969.

30 Heinz Gess: Ebenda: S. 249.

31 Zitiert in: Ernst Bloch, ebenda, S. 68.

32 Zitiert nach: A. Jaffé: Parapsychologie, Individuation, Nationalsozialismus - Themen bei C. G. Jung, Zürich 1985, S. 107.

33 Hierzu: Eugen Drewermann: Lieb Schwesterlein, laß mich herein. Grimms Märchen tiefenpsychologisch gedeutet, München 1992; ders.: Rapunzel, Rapunzel, laß dein Haar herunter Grimms Märchen tiefenpsychologisch gedeutet, München 1992; Exemplarisch zur Jungschen Schule der Mythen- und Märchendeutungen: Marie-Louise von Franz: Das Weibliche im Märchen, Fellbach-Oeffingen 1991; Sybille Birkhäuser-Oeri: Die Mutter im Märchen, Fellbach-Oeri 1990; Ingrid Riedel: Die weise Frau in Märchen und Mythen, München 1997; Wilhelm Laiblin, Hrsg.: Märchenforschung und Tiefenpsychologie, Darmstadt 1995; Hans Dieckmann: Gelebte Märchen Lieblingsmärchen der Kindheit, Zürich 1991; Mario Jacoby, Verena Kast, Ingrid Riedel, Hrsg.: Das Böse im Märchen, Fellbach 1990

34 Eugen Drewermann: Tiefenpsychologie und Exegese 2 Die Wahrheit der Werke und Worte, Olten 1993, S. 246 ff. Sämtliche, von Drewermann stammenden Aussagen sind diesem Buch entnommen.

35 Hierzu ausführlich: Christa Rohde-Dachser: Das Borderline-Syndrom, Bern 2000. Wie sich diese Erkrankung gerade im Alltag bemerkbar macht, hierzu: Jerold J.Kreisman, Hal Straus: Ich hasse dich - verlass mich nicht Die schwarzweiße Welt der Borderline-Persönlichkeit, München 1992.

36 H. Merklein: Die Heilung des Besessenen von Gerasa, zitiert in: Frey: Eugen Drewermann und die biblische Exegese. Tübingen 1995, S. 130.

37 Eugen Drewermann: ebenda.

38 Hierzu: Gerd Theissen: Psychologische Aspekte paulinischer Theologie. Göttingen 1983, S. 11.

39 Hierzu: Jörg Frey: Eugen Drewermann und die biblische Exegese, S. 251.

40 Hierzu: Jörg Frey, ebenda: S. 224. Die subjektale Deutung erschließt die inneren Bilder in Träumen, Imaginationen und Mythen als Anteile der eigenen Psyche, hingegen die objektale Methode diese Impressionen auf andere Objekte und Personen der Außenwelt bezieht, die Jung zufolge, sich in der Psyche des einzelnen wiederfinden. Das Vorhaben, beide Deutungsebenen wechselseitig in thematischer Übereinstimmung zu bringen, birgt

ein erkenntnistheoretisches Problem in sich, was darin besteht, dass die inneren Bilder nicht immer identisch mit den äußeren zu sein brauchen, bzw. deren tatsächlichen Inhalt oder diejenige psychische Energie widerspiegeln, die ihnen von Seiten des Deuters unterstellt werden.. Im therapeutischen Einzelfall ist dies nicht von Bedeutung, da es hierbei darauf ankommt, wie der Patient diese Bilder erfährt und nicht, ob sie objektiv so sind. Wenn jedoch eine Theorie der Diagnostik und Therapie hiermit begründet wird, ist das eine andere Sache. Denn es besteht immerhin die Gefahr des voreiligen Schlusses, der subjektiv verzerrt ist, da die Objekte der Außenwelt über die intuitive Kraft innerer Impressionen in einem objektiven Anspruch erschlossen werden sollen, wie Jung dies beispielsweise im Falle des Nationalsozialismus vorgenommen hat. Hinzu kommt, dass sowohl Jung als auch Drewermann nicht ihren eigenen Standpunkt einer hermeneutisch-kritischen Reflexion unterziehen.

41 Hierzu: Jörg Frey, ebenda: S. 234.

42 Eugen Drewermann: Das Markus-Evangelium, I, Olten/Freiburg 1987, S.78 f. Hervorhebungen im Original.

43 Vgl. R. Schmidt - Rost: Eugen Drewermann: Die Wiederkehr der Bilder, S.89

44 Eugen Drewermann: ebenda, S.116

45 Hierzu ausführlich: Christa Rohde-Dachser: ebenda.

46 G. Fehrenbacher: Drewermann verstehen. Eine kritische Hinführung, Olten-Freiburg, 1991, S. 178

47 Eugen Drewermann: Tiefenpsychologie und Exegese II, S. 784 Hervorhebungen im Original

48 Eugen Drewermann: ebenda.

49 H.K.Berg: Ein Wort wie Feuer. Wege lebendiger Bibelauslegung, München/Stuttgart 1991, S. 167

50 Vgl. Jörg Frey: Eugen Drewermann und die biblische Exegese, Tübingen 1994, S. 90

51 Ebenda: S. 89

52 Ebenda: S. 13 .

53 Jörg Frey: ebenda, S. 238

54 Drewermann: ebenda, S. 790

55 Hierzu: Micha Brumlik: C. G. Jung zur Einführung, Hamburg 1993, S. 120.

56 Hierzu: Guido Meyer: Von der Archetypenlehre zur Wirkbilddidaktik. Eine religionspezifische Seelentherapie. Diese wird gleichermaßen in Fragen der Gottesentfremdung und der Entfremdung des Menschen von sich selbst infolge seelischer Leiden in Anspruch genommen. Angesichts der rabiaten Apodiktik, mit der er sein therapeutisches Konzept vertritt, darf bezweifelt werden, ob seine Deutungen wirklich den einzelnen in seinem Sosein bestärken, oder ob sich nicht dessen Eigenständigkeit in der Verschmelzung mit den vorgegebenen archetypischen Bildern geradezu auflöst.

Drewermanns apodiktische und reflexionslose Übernahme der Jungschen Archetypenlehre, die er als Tatsachen sieht, ist denn auch zu Recht von Seiten der Theologie als auch durch die nichtjungianische Psychologie kritisiert worden, da der empirische Gehalt der Archetypen mehr als umstritten ist. Die Rezeption der Jungschen Tiefenpsychologie konstruiert eine Rezeptur mythisch gegründeter und zugleich zeitgemäßer Psychotherapie für den alltäglichen Hausgebrauch, die zugleich mit einem Universalitätsanspruch auftritt. Indem er sie ausschließlich an die intuitiven Vorgaben seines eigenen Verstehens anbindet und mit dem Instrument seiner überwältigenden Beredsamkeit den Menschen offeriert, rückt seine therapeutische Lehre bedenklich nahe an die Grenze zum Esoterischen, was durchaus einem hedonistischen Zeitgeist breiter mittelständischer Bildungsschichten entgegenkommt. Drewermanns Anspruch, den Menschen aus

57 Hier vor allem: Fritjof Capra, dessen Buch „Wendezeit" Bausteine für ein von Grund auf neues Denken verspricht. Bewußt grenzt er die Lehre Freuds, die er als mechanistisches Menschenbild zu disqualifizieren versucht von Jung ab und hebt hierbei den völlig revolutionären Ansatz seiner Tiefenpsychologie hervor, die mit dem Begriff des „kollektiven Unbewußten" ein Bindeglied zwischen Individuum und Menschheitsgeschichte hergestellt hat.

58 Tilman Evers: Mythos und Emanzipation. Eine kritische Annäherung an C. G. Jung. Hamburg 1987, S. 9.

59 C. G. Jung: Gesammelte Werke, Bd.10, Ebenda, S. 219.

60 Ebenda, S. 229.

61 Ebenda, S. 217. Zusätzlich untermauert er seine These damit, indem er schreibt: „Man ist immer geneigt, äußeren Umständen die Schuld zu geben, aber es könnte nichts in uns explodieren, wenn es nicht vorhanden gewesen wäre ... Zwischen dem Irren und dem Mob ist nicht „Viel Unterschied", denn beide werden durch „nichtpersönliche, überwältigende Kräfte bewegt". Jung: ebenda: S. 260. Hier irrt nun der Psychotherapeut aus Küßnacht in zweifacher Hinsicht. Zum einen gab es genügend Möglichkeiten, das Grauen zu verhindern, denn in der menschlichen Psyche ist immerhin noch die Kraft der Selbstbestimmung vorhanden und zum anderen waren es weniger die Irren und der Mob, die den Holocaust inszenierten und durchführten, sondern weite Teile der Bildungs- und Funktioneliten. Hierzu ausführlich: Manfred J. Foerster: Lasten der Vergangenheit. Betrachtungen deutscher Traditionslinien zum Nationalsozialismus, London 2006

62 Hierzu ausführlich: Manfred J.Foerster: Das Drama des Bürgertums, S. 16ff.

63 C. G. Jung, ebenda: S. 235.

64 C. G. Jung, ebenda: S. 225.

65 C. G. Jung, G. W. Bd. 10 S. 220.

66 Ebenda: S. 225.

67 Theodor W. Adorno: Minima Moralis. Reflexionen aus dem beschädigten Leben, Frankfurt/Main, 1951, S. 20f.

68 C. G. Jung: Bd. 10, S. 225.

69 Gess: S. 43f.

70 C. G. Jung: ebenda S. 227.

71 Gess: ebenda S. 42 ff.

72 C. G. Jung: Ebenda: S. 224.

73 Ebenda.

74 Ebenda.

75 Zitiert in: Evers, ebenda: S. 244.

76 Ebenda.

77 Gess, ebenda: S. 15.

Literaturverzeichnis

Adorno, Theodor W.: Minima Moralis, Reflexionen aus dem beschädigten Leben. Frankfurt/Main 1951

Ders.: Gesammelte Schriften, Frankfurt/Main 1955

Ders.: Philosophie der Neuen Musik, Frankfurt/Main 1969

Alt, Franz: Jesus- Der erste neue Mann, Zürich 1989

Berg, H.K.: Ein Wort wie Feuer. Wege lebendiger Bibelauslegung, München/Stuttgart 1991

Bloch, Ernst: Das Prinzip Hoffnung, Band 1, Frankfurt/Main 1973

Brumlik, Micha: C. G. Jung zur Einführung, Hamburg 1993

Ders.: Die Gnostiker. Der Traum von der Selbsterlösung des Menschen, Frankfurt/Main 1995

Drewermann, Eugen: Das Markus-Evangelium 1. Bilder von Erlösung, Olten und Freiburg im Breisgau 1987

Ders.: Tiefenpsychologie und Exegese. Bd. 2. Die Wahrheit der Werke und der Worte. Wunder, Vision, Weissagung, Apokalypse, Geschichte, Gleichnis, Olten und Freiburg im Breisgau 1993

Evers, Tilmann: Mythos und Emanzipation. Eine kritische Annäherung an C. G. Jung, Hamburg 1987

Fehrenbacher, G.: Drewermann verstehen. Eine kritische Hinführung, Olten und Freiburg im Breisgau 1991

Foerster, Manfred J.: Individuation und Objektbeziehung. Eine Auseinandersetzung mit der Analytischen Psychologie und Archetypenlehre C. G. Jungs, Aachen 2000

Ders.: Lasten der Vergangenheit. Betrachtungen deutscher Traditionslinien zum Nationalsozialismus, London 2006

Frank, M.: Der kommende Gott. Vorlesungen über die neue Mythologie, Frankfurt/Main 1982

Frey, Jörg: Eugen Drewermann und die biblische Exegese, Tübingen 1995

Gess, Heinz: Vom Faschismus zum neuen Denken. C. G. Jungs Theorie im Wandel der Zeit, Lüneburg 1994

Jaffe` Aniela: Parapsychologie, Individuation, Nationalsozialismus. Themen bei C. G. Jung, Zürich 1985

Dieselbe: Hrsg.: Erinnerungen, Träume, Gedanken von C. G. Jung, Solothurn und Düsseldorf 1995

Jung, C. G.: Gesammelte Werke, Bd. 2; Bd.6; Bd. 7 und Bd.10, alle Zürich / Olten 1991

Ders.: Briefe, 1906- 1945. Hrsg. von Aniela Jaffe`, Olten 1972

Keintzel, R.: C. G. Jung: Ergebnisse seiner Psychologie. Eine Kritik anhand des Begriffes der Psychischen Inflation, Bonn 1977

Kernberg, Otto F.: Borderline- Störungen und Pathologischer Narzißmus, Frankfurt/Main 1995

Lockot, Regine: Erinnern und Durcharbeiten. Zur Geschichte der Psychoanalyse und Psychotherapie im Nationalsozialismus, Frankfurt/Main 1985

Lohfink, Gerhard / Pesch, Rudolf: Tiefenpsychologie und keine Exegese. Eine Auseinandersetzung mit Eugen Drewermann, Stuttgart 1987

Meyer, Guido: Von der Archetypenlehre zur Wirkbilddidaktik. Eine religionspädagogische Auseinandersetzung mit der Jungschen Archetypenlehre, Aachen 1992

Rittmeister, John F.: Voraussetzungen und Konsequenzen der Jungschen Archetypenlehre. In: Psychoanalyse und Nationalsozialismus. Beiträge zur Bearbeitung eines unbewältigten Traumas. Hrsg.: Hans Martin Lohmann, Frankfurt/Main 1984

Rohde – Dachser. Christa: Das Borderline-Syndrom, Bern 2000

Schmidt-Rost, R.: Drewermann: Die Wiederkehr der Bilder oder die Religion auf dem Medienmarkt. Eugen Drewermanns therapeutische Theologie als Mittel der Privatisierung von Religion in der Single-Gesellschaft. EZW - Texte, Information Nr. 118, VII/1992, Stuttgart 1992

Serrano, Miguel: Das goldene Band, Wetter 1987

Stern, Paul: Prophet des Unbewußten. Eine Biographie, München 1988

Theißen, Gerd: Psychologische Aspekte Paulinischer Theologie, Göttingen 1983

Tenzler, Johannes: Selbstfindung und Gotteserfahrung. Die Persönlichkeit C. G. Jungs und ihrer zentraler Niederschlag in seiner „Komplexen Psychologie", Paderborn 1975

Über den Autor

Manfred J. Foerster studierte Psychologie, Erziehungswissenschaft, Soziologie und Philosophie in Aachen und Mainz und promovierte in Heidelberg über die Analytische Psychologie Carl Gustav Jungs. Der Autor leitete über 20 Jahre die Beratungs- und Fortbildungsstelle für ehrenamtliche und hauptamtliche Mitarbeiter/innen im hessischen Strafvollzug. Für diese Tätigkeit ist er mit dem Förderpreis der Fritz-Bauer Stiftung und mit dem „Wilhelm Fay Gedächtnispreis der Stadt Frankfurt/Main" ausgezeichnet worden.

Er ist als Lehrbeauftragter im Fachbereich Erziehungswissenschaft an der Johannes-Gutenberg-Universität Mainz tätig, mit den Schwerpunkten: Frühkindliche Bindungserfahrungen und Sozialisation, Ursachen und Auswirkungen von Persönlichkeitsstörungen sowie Persönlichkeitsprofile von Gewalt- und Sexualdeliktern. Darüber hinaus ist er seit über 10 Jahren als Supervisor im „Freundeskreis für Suchtkrankenhilfe- Landesverband Rheinland Pfalz e.V." tätig.

Die in diesem Buch behandelten Themen sind im Rahmen einer Vorlesungsreihe des Autors an der Johannes Gutenberg- Universität Mainz gehalten worden.

Wichtigste Veröffentlichungen: Individuation und Objektbeziehung Eine Auseinandersetzung mit der Analytischen Psychologie Carl Gustav Jungs (Aachen 2000); Bindungstheorie und Persönlichkeitsstörungen bei Klienten der Straffälligenhilfe, in: DVJJ 2002/ Heft 3; Lasten der Vergangenheit Traditionslinien zum Nationalsozialismus (London 2006); Zur Psychopathologie des Rassismus und Antisemitismus (Aachen 2009); Übertragung-Persönlichkeitsstörungen und das Dilemma des Helfers, in: Bewährungshilfe Soziales-Strafrecht- Kriminalpolitik 2003/ Heft 1); Zum Umgang mit Sexual- und Gewaltdelinquenten in der Straffälligenhilfe aus Sicht der Objektbeziehungs- und Bindungstheorie, in: Bewährungshilfe Soziales- Strafrecht- Kriminalpolitik/ 2003/ Heft 3; Frühe Traumatisierungen und Delinquenz- der Täter als Opfer seiner Biographie. Zur Wirklichkeit früher Traumatisierungen im Kontext der Straffälligenhilfe (Ursachen- Auswirkungen- Perspektiven) in: Neue Praxis, 2005/Heft 4; Die antisoziale Persönlichkeit im Strafvollzug dargestellt an der Person des Hannibal Lecter aus dem Film Das Schweigen der Lämmer, in: Forum Strafvollzug, 2013/ Heft 3; Bildungsbürger Nationaler Mythos und Untertan Betrachtungen zur Kultur des Bürgertums (Aachen 2009).